Andreas Baumann

Der Islam – Gottes Ruf zur Umkehr?

Für Pfr. Eberhard Troeger, einem Vorbild an Klarheit, Demut und Liebe in der Begegnung mit Muslimen und dem Islam.

Der Autor

Andreas Baumann, Jahrgang 1969, studierte Theologie und Missionswissenschaft am Theologischen Seminar St. Chrischona und an der Columbia International University. Fünf Jahre arbeitete er als Prediger im Gemeindedienst in Linden (Hessen) und Rheinfelden (Baden). Zur Zeit promoviert er an der University of South Africa über «Johannes Lepsius' missiologisches Erbe» und ist nebenbei für den Brunnen Verlag Basel tätig. Baumann ist Redaktionsmitglied der Zeitschrift «Evangelikale Missiologie» und Autor des Buches «Die Apostelstraße». Seit vielen Jahren setzt er sich intensiv mit dem Islam auseinander und besuchte mehrmals den Nahen Osten. Mit seiner Frau und seinen drei Kindern lebt er in Lörrach.

Andreas Baumann

Der Islam – Gottes Ruf zur Umkehr?

Eine vernachlässigte Deutung aus christlicher Sicht

Brunnen Verlag · Basel und Gießen

ABCteam-Bücher erscheinen in folgenden Verlagen:

Aussaat Verlag Neukirchen-Vluyn
R. Brockhaus Verlag Wuppertal
Brunnen Verlag Basel und Gießen
Christliches Verlagshaus Stuttgart
Oncken Verlag Wuppertal und Kassel

Bibliografische Information Der Deutschen Bibliothek
Die Deutsche Bibliothek verzeichnet diese Publikation in der Deutschen Nationalbibliografie; detaillierte bibliografische Daten sind im Internet über http://dnb.ddb.de abrufbar.

Die Bibelstellen sind, soweit nicht anders angegeben, der revidierten «Hoffnung für alle» (2002) entnommen.

Umschlag: Michael Basler, D-Lörrach
Foto Cover: zefa visual media GmbH, D-Düsseldorf
Satz: Bertschi & Messmer AG, Basel
Druck: Bercker, D-Kevelaer
Printed in Germany

ISBN 3-7655-3759-4

Inhalt

Vorwort 7

Einleitung: Eine Begegnung im Orient 11

1 Die islamische Herausforderung 15

2 Die christliche Reaktion auf den Islam 19
2.1 Widerstand, Mission, Dialog 19
2.2 Das fehlende Element: Selbstkritik und innere Umkehr 25

3 Der Islam – ein Gericht Gottes? 31
3.1 Warum der Gott der Liebe richtet 31
3.2 Was das Gericht Gottes *nicht* ist 36
3.3 Beispiele für die Islam-Deutung in den orientalischen Kirchen 38
3.4 Beispiele für die Islam-Deutung in der Reformationszeit 41
3.5 Beispiele für die Islam-Deutung in der protestantischen Missionsbewegung 48

4 Das Versagen der Christenheit 53
4.1 Das Christentum zur Zeit Mohammeds 53
4.2 Das Christentum im Lauf der Geschichte 61
4.3 Das Christentum heute – aus muslimischer Sicht 66

4.4 Das Wesen des Islam: Ein Spiegel christlicher Fehler? ... 70
4.5 Die entscheidenden Problembereiche ... 76

5 Umkehr – Der Weg der Verheißung ... 81
5.1 Der einzige Weg voran ... 81
5.2 Aspekte gelebter Umkehr ... 85
5.3 Ein inspirierendes Beispiel ... 93
5.4 Eine große Vision ... 97
5.5 Die Sache mit dem Splitter und dem Balken 100

Ein Fazit: Gott klopft an unsere Tür ... 103

Anhang ... 107

A Die (heutigen) islamischen Kernländer als Wiege der Christenheit ... 109

B Überblick über die wichtigsten orientalischen Kirchen ... 113
Byzantinische Reichskirche ... 113
Nestorianische Kirche ... 113
Koptische Kirche ... 114
Syrische Kirche ... 115
Armenische Kirche ... 115

C Hauptgründe für die Entstehung des Islam (nach Kuberski) ... 117

D Literaturverzeichnis ... 119

E Anmerkungen ... 129

Vorwort

Die Terroranschläge des 11. September 2001 haben in mancherlei Hinsicht Spuren hinterlassen. So ist das Phänomen «Islam» ganz neu ins Interesse der Öffentlichkeit gerückt. Islam-Experten erfreuten sich in den Medien ungeahnter Beliebtheit, und ganze Auflagen ihrer Bücher waren innerhalb kurzer Zeit vergriffen.

Auch in christlichen Kreisen sprach man plötzlich mehr über den Islam als vorher. In den Gesprächen, die ich nach dem 11. September 2001 mit anderen führte, fiel mir allerdings etwas auf, was mich sehr nachdenklich stimmte. Manchmal meinte ich nämlich in der Art und Weise, wie Christen über Muslime redeten, eine gewisse Überheblichkeit herauszuspüren.

Man äußerte mir gegenüber, dass durch den brutalen Angriff fundamentalistischer Terroristen auf das World Trade Center nun endlich offensichtlich geworden sei, wie verabscheuungswürdig der Islam sei. Man müsse sich nur einmal anschauen, wie menschenverachtend man in islamischen Ländern mit Frauen umginge, die sich nur tief verschleiert in die Öffentlichkeit wagen dürften. Oder man wies darauf hin, wie scheinheilig sich doch die Muslime im Fastenmonat Ramadan verhielten: «Tagsüber tun sie so, als ob sie fasten. Und nach Sonnenuntergang schlagen sie sich dann so richtig die Bäuche voll.»

Sicherlich kann man so manches an der Lebensweise in islamischen Gesellschaften kritisieren. Aber – so musste ich bei solchen Gesprächen immer wieder denken – ist es denn wirklich die Aufgabe von uns Christen, uns über den moralischen Zustand in der islamischen Welt aufzuregen? Das Wort Gottes sagt uns doch, dass wir nicht über die Menschen außerhalb der Gemeinde richten sollen. Unsere Aufgabe ist es vielmehr, auf uns selbst Acht zu haben und auf das Leben derer, die zur Gemeinde Jesu gehören (1. Korinther 5,12).

Könnte uns deshalb zum Beispiel das Fasten der Muslime im Ramadan nicht auch zu der Frage führen, was uns Christen das Fasten eigentlich noch bedeutet? Die Adventszeit – die sich gerade im Jahr 2001 weitgehend mit dem islamischen Fastenmonat Ramadan überschnitt – war ursprünglich eine christliche Fastenzeit. Und was ist davon noch übrig geblieben?

Beim Nachdenken über diese Zusammenhänge wurde mir klar: Wo wir uns als Christen ehrlichen Herzens mit dem Islam auseinander setzen, da beginnt für uns auch die Auseinandersetzung mit unserem eigenen Glaubensleben.

Für manch einen von uns ist eine selbstkritische Haltung in der Beschäftigung mit dem Islam aber zunächst ungewohnt. Das liegt unter anderem daran, dass uns etwas verloren gegangen ist, was Christen in früheren Zeiten noch bewusst war: Sie verstanden den Islam auch als einen Ruf Gottes an die Christenheit – einen Ruf zur Umkehr.

An dieses – heute leider weithin vergessene –

christliche Verständnis des Islam zu erinnern und es in der aktuellen Situation neu ins Gespräch zu bringen, das ist die Absicht dieses Buches.

Da meine Ausführungen sich auf diesen einen Aspekt in der Auseinandersetzung mit dem Islam konzentrieren, sind sie an manchen Stellen bewusst einseitig. Zudem sind sie nur bruchstückhaft und möchten deshalb vor allem auch als Anregung zu weiterem Nachdenken über dieses Thema verstanden werden.

Um Missverständnisse zu vermeiden, möchte ich vorweg klarstellen, dass es mir in diesem Buch nicht um eine Beurteilung oder gar eine Verteidigung des Islam geht. Der Islam ist für mich ein religiöser Irrweg, der – gemessen an den Kriterien der Bibel – als antichristlich bezeichnet werden muss (man vergleiche dazu 1. Johannes 2,22–28).

Wenn ich in diesem Buch Kritik an Erscheinungsformen des christlichen Glaubens äußere, so geschieht dies nicht, weil ich etwa an der Richtigkeit des christlichen Glaubens zweifle. Ich bin von der Einzigartigkeit und Exklusivität von Jesus Christus völlig überzeugt. Aber gerade weil das Evangelium von Jesus Christus das einzige Licht ist, das diese Welt wirklich erhellen kann, möchte ich hier bewusst auf die markanten Stellen hinweisen, an denen es auch unter uns Christen dunkel geworden ist.

Viele haben mitgeholfen, dass dieses Buch erscheinen konnte. Stellvertretend für alle Beteiligten möchte ich besonders folgenden Personen danken:

Holger und Dorothea Jung: Ihr habt durch eure wohlwollende Kritik viel dazu beigetragen, dass aus meiner Quellensammlung ein wirkliches Buch geworden ist. Danke, dass ihr meine Arbeit – trotz eurer vielen Verpflichtungen – vom anderen Ende der Erde aus mit so viel Engagement begleitet habt.

Pfr. Eberhard Troeger und Dr. Jochen Eber: Danke, dass ihr bereit wart, mein Buch-Manuskript vor dem Erscheinen zu lesen und mir eure Eindrücke mitzuteilen. Euer Urteil war mir wichtig!

Den Mitarbeitern des Brunnen Verlags Basel: Ich bedanke mich bei euch, dass ihr diese Veröffentlichung möglich gemacht habt. Es ist schön, mit euch an einem Strang zu ziehen!

Meiner Frau Martina: Während du dich auf die Geburt unserer Naemi vorbereitet hast, bin ich mit diesem Buch «schwanger gegangen». Danke für deine Unterstützung und Liebe. Und dafür, dass du dieses – manchmal etwas spezielle – Leben mit mir teilst!

Einleitung: Eine Begegnung im Orient

Eigentlich kannte ich Ibrahim nur flüchtig. Er war für einige Jahre Hodscha (islamischer Geistlicher) einer türkischen Gemeinde in Deutschland gewesen. Nun lebte er wieder in der Türkei und hatte dort einen leitenden Posten erhalten: In einem bestimmten Gebiet hatte er die Aufsicht über alle Moscheen.

Als ich dann eine mehrwöchige Reise durch die Türkei plante, entschloss ich mich, auch einmal bei Ibrahim vorbeizuschauen.

Ibrahim freute sich sehr über den Besuch aus Deutschland. Er nahm mich gleich mit auf einen Rundgang zu einigen der Moscheen, für die er verantwortlich war. Höhepunkt unseres Rundgangs war der Besuch des Freitagsgebets. Ibrahim gab mir zu verstehen, dass ich dort als Christ im Grunde nichts zu suchen hätte. Aber wenn er mich mitnähme, ginge das schon in Ordnung. Er wies mir einen Platz am Rande einer Empore in der Moschee zu. Von dort aus konnte ich alles überblicken, ohne selbst groß aufzufallen. Nie werde ich dieses eindrückliche Freitagsgebet vergessen: Etwa 4000 Muslime warfen sich gemeinsam – in Reih und Glied geordnet – zum Gebet vor Allah auf den Boden. Ich spürte in diesem Augenblick etwas von der ungeheuer starken Macht des Islam.

Wenige Stunden später saßen wir in Ibrahims Büro. Wir unterhielten uns über die Unterschiede zwischen dem christlichen und dem islamischen Glauben. Unser Gespräch wurde durch einige Besucher unterbrochen, die einen Termin bei Ibrahim hatten. Ibrahim deutete mir an, dass ich bleiben könne. Ein junger und ein älterer Mann betraten den Raum. Wie sich bald herausstellte, war der junge Mann ein armenischer Christ, der ein muslimisches Mädchen heiraten wollte. Die Familie des Mädchens hatte darauf bestanden, dass er vor der Hochzeit zum islamischen Glauben übertreten sollte.

Ich wurde innerlich unruhig. Fast schien es mir, als wäre diese konkrete Situation im Büro des Hodscha die Zuspitzung unserer Gespräche über die Alternativen «Christentum» oder «Islam». War es wirklich vorstellbar, dass ein christlicher Armenier, dessen Volk wegen seines Glaubens schon unsägliche Leiden hatte erdulden müssen, seine eigene Religion einfach aufgab, um Muslim und Ehegatte zu werden?

Ibrahim belehrte den jungen Armenier über einige Unterschiede zwischen dem christlichen und dem islamischen Glauben. Anschließend rezitierte er mehrmals das islamische Glaubensbekenntnis in arabischer Sprache. Dann ließ er es den jungen Armenier nachsprechen. Und damit war es auch schon geschehen: Mit der Rezitation des Glaubensbekenntnisses auf Arabisch war der Armenier offiziell zum Muslim geworden. Der ältere Mann, ein Muslim aus der Familie der jungen Braut, fungierte als Zeuge. Es waren lediglich noch ein paar Formulare auszufüllen, und schon war der Glaubenswechsel für den jungen

Mann vollzogen. Gekommen war er als Mitglied einer christlichen Kirche. Wenige Minuten später zog er als Muslim von dannen.

Es fiel mir schwer, meine Gedanken zu ordnen. Wie konnte ein Mensch die jahrhundertealte christliche Tradition, für die viele seiner Vorfahren ihr Leben gelassen hatten, so einfach wegwerfen? Sicher war der Grund für seinen Übertritt, dass er das muslimische Mädchen wirklich liebte. Aber was machte es ihm so leicht, seine Religion zu wechseln? War es der Islam, der ihn so sehr faszinierte? Ich hatte den Eindruck, dass es wohl eher die Bedeutungslosigkeit seines eigenen christlichen Glaubens war, die ihm den Wechsel so einfach gemacht hatte.

Dieses unvergessliche Erlebnis in der Türkei wurde mir zum eindrücklichen Bild für die Auseinandersetzung zwischen Islam und Christentum. An jenem Tag begann ich zu ahnen, dass es in Wirklichkeit nicht die Stärke des Islam ist, die wir in dieser Auseinandersetzung zu fürchten haben. Was uns als Christen wirklich Sorgen machen muss, ist vielmehr die Lauheit in unserem eigenen Glauben.

1 Die islamische Herausforderung

Die Wiege des Christentums stand nicht im so genannten «christlichen Abendland». Das Christentum ist vielmehr eine Religion des Nahen Ostens. Noch heute kann man dort an unzähligen Stellen auf Überreste einer großen christlichen Vergangenheit treffen. Oft sind davon aber nur noch Ruinen übrig. Denn die bedeutenden Orte der frühen Geschichte des Christentums liegen heute auf islamischem Gebiet.[1]

Jedes Mal, wenn ich im Nahen Osten solche Ruinen besuchte, drängte sich mir deshalb die Frage auf: Wie konnte es dazu kommen, dass das Christentum sich diesen Boden vom Islam streitig machen ließ? Wie konnte der Glaube an den auferstandenen Christus, der für sich beansprucht, dass ihm «alle Macht im Himmel und auf Erden» gegeben ist, hier so völlig besiegt werden? Hatte Jesus nicht im Gegenteil seine Jünger in alle Welt gesandt, um alle Völker zu seinen Nachfolgern zu machen? Und hatte er ihnen nicht ausdrücklich seine göttliche Gegenwart zugesagt?

Durch den Zerfall des Osmanischen Reiches, das bis zu Beginn des 20. Jahrhunderts die bestimmende Macht im Nahen Osten war, kamen dann später viele Gebiete unter den Einfluss der europäischen Kolonialmächte. Die politische Macht des Islam schien also gebrochen. Und manche meinten sogar, der Islam sei eine sterbende Religion.

Aber sie hatten sich geirrt: Durch die Entstehung der arabischen Nationalstaaten und durch den enormen Ölreichtum einiger dieser Staaten gewann der Islam wieder an weltpolitischer Bedeutung. Außerdem kam es in einigen islamischen Ländern zu religiösen Erneuerungsbewegungen, die zum Teil fundamentalistische Züge trugen. Der Block der islamischen Staaten ist heute ein wichtiger Faktor im weltweiten Spiel der Kräfte geworden. Und die Bedeutung des Islam wird noch zunehmen, denn er ist die am schnellsten wachsende Weltreligion (siehe Abbildung).[2] Eine 1992 veröffentlichte Studie über die Bevölkerungsentwicklung der Weltreligionen trug deshalb auch den Titel: *Die islamische Lawine rollt auf uns zu!*

Bevölkerungs-entwicklung	Verdoppelung bei langsamem Wachstum	Verdoppelung bei schnellem Wachstum
Weltislam	30 Jahre	24 Jahre
Weltchristenheit	65 Jahre	47 Jahre

Doch nicht allein der Blick auf den Nahen Osten konfrontiert uns mit der islamischen Herausforderung. In der Geschichte klopfte der Islam schon mehrfach an die «Türen des christlichen Abendlands». So gab es zum Beispiel in Spanien mehr als 700 Jahre lang (bis 1492) islamische Gebiete. In den Schlachten bei Tours und Poitiers (732) und Narbonne (720/738) konnte Karl Martell, der Führer der Franken, ein weiteres Vordringen der islamischen Heere in das zentraleuropäische Gebiet verhindern. Bei einer späteren Welle der islamischen Expansion standen osmanisch-türkische Heere zwei Mal (1529 und 1683) vor Wien.

Damals konnte die islamische Ausbreitung vor den Toren Wiens gestoppt werden. Heute hat der Islam bereits mitten unter uns ein Zuhause gefunden. Und in unseren westlichen Ländern steigt die Zahl der Muslime stetig. Dabei handelt es sich aber nicht mehr nur um Zuwanderer. Es treten heute auch Menschen aus unseren eigenen «christlichen» Völkern zum Islam über. Einige bekanntere Beispiele sind die US-Boxlegende Cassius Clay (alias Muhammed Ali), der bekannte englische Musiker Cat Stevens (alias Yussuf Islam) oder der ehemalige deutsche Botschafter in Algerien und Marokko, Dr. Murad Wilfried Hofmann.

Der Islam ist uns allen näher, als wir manchmal wahrhaben wollen. Ganz gleich, ob wir ihm in einer radikalen oder eher gemäßigten Form begegnen, wir können ihn nicht einfach ignorieren, sondern müssen uns mit ihm auseinander setzen. Wie aber sollen wir als Christen auf die Herausforderung des Islam reagieren?

2 Die christliche Reaktion auf den Islam

2.1 Widerstand, Mission, Dialog

Widerstand

Vor dem 11. September 2001 wurde die Gefahr, die von islamischen Fundamentalisten in westlichen Ländern ausgeht, völlig unterschätzt. Obwohl Islamexperten schon lange davor gewarnt hatten, sind Politiker und Vertreter der Kirchen im Umgang mit dem Islam manchmal doch zu blauäugig gewesen. Auch fanatische Muslime können durchaus friedlich (oder genauer gesagt: «im Waffenstillstand») mit den Feinden des Islam zusammenleben, solange es zu ihrem eigenen Vorteil ist. Wenn sich die Verhältnisse ändern, kann ein solcher «Frieden» aber ohne weiteres ganz schnell gebrochen werden.[3] Deshalb sollte man genau hinschauen, ob beispielsweise eine islamische Vereinigung in Deutschland wirklich voll und ganz hinter unserer Verfassung mit der in ihr verbürgten Religionsfreiheit steht. Möglich wäre auch, dass sie diese Freiheit nur für ihre Zwecke ausnutzt, sie im Grunde aber ablehnt.

Es ist Aufgabe des Staates, solche Gefahren mit den ihm zur Verfügung stehenden Mitteln im Auge zu behalten. Und wo es nötig ist, muss der Staat eben eingreifen. So muss der Verfassungsschutz entsprechende fundamentalistische Gruppen überprüfen und gegebenenfalls verbieten.

Wir sollten allerdings beachten, dass sich hinter dem Sammelbegriff «Muslim» eine ebenso große Vielfalt von unterschiedlichen Einstellungen verbirgt wie hinter dem Sammelbegriff «Christ». Jeder Muslim hat das Recht, nicht pauschal als verfassungsfeindlich eingestuft zu werden oder gar verdächtigt zu werden, möglicherweise ein Terrorist zu sein. Christen können als Staatsbürger einen Beitrag dazu leisten, vor beidem zu warnen: sowohl vor einem allzu naiven Umgang mit den möglichen Gefahren des Islam als auch vor einer pauschalen Verurteilung von Muslimen.

Alle diese Überlegungen betreffen jedoch Aufgaben des Staates. Die spezielle Herausforderung für uns Christen ist dagegen eine Frage des Glaubens. Und hier können wir nicht mit den Mitteln staatlicher Gewalt vorgehen. Um unserem Glauben dem Islam gegenüber zum Sieg zu verhelfen, können wir uns nicht gesetzgeberischer Maßnahmen bedienen. Solange von islamischen Vereinigungen die von der Verfassung und den entsprechenden Gesetzen geforderten Bedingungen eingehalten werden, sollten wir uns als Christen daher auch nicht öffentlich gegen die Einrichtung von islamischen Gebetshäusern und Moscheen einsetzen. Auch wenn wir uns wünschen, dass alle Menschen Christen sind, sollten wir dennoch dankbar anerkennen, dass in unseren westlichen Staaten in Glaubensfragen kein Zwang, sondern Freiheit herrscht.

Selbst wenn wir als Christen im Islam einen gefährlichen religiösen Irrweg erkennen, sollten wir uns doch davor hüten, unserem Glauben mit Gewalt zum Sieg verhelfen zu wollen. Damit würden wir im Grunde nur selbst den Weg des Islam wählen. Den Weg, den Jesus Christus uns zeigt, würden wir dabei aber verleugnen: Er hat seine Sache nicht mit Gewalt durchgesetzt, sondern ist den Weg der Liebe und des Leidens gegangen. Deshalb können auch wir als seine Nachfolger «dem Islam bzw. den Muslimen nur mit den ‹geistlichen Waffen› (Epheser 6,10–17) gegenübertreten: in der Kraft des Heiligen Geistes und mit dem lebendigen Wort Gottes; in Glaube, Liebe, Hoffnung und Geduld».[4]

Mission

Ist es richtig, Muslimen das Evangelium zu verkündigen? Der Wortlaut des Missionsbefehls, den Jesus uns gab, ist eindeutig: «Geht hinaus in die ganze Welt und verkündet allen Menschen die rettende Botschaft» (Markus 16,15), und «... machet zu Jüngern alle Völker» (Matthäus 28,19; Luther). Es gibt also keinen Grund, warum diese allumfassende Aufforderung von Jesus gerade für Muslime nicht gelten sollte.

Der christliche Glaube und der Islam weisen zwar etliche äußere Ähnlichkeiten auf, aber an den entscheidenden Stellen unterscheiden sie sich doch ganz grundlegend voneinander: Der Islam weiß weder von der absoluten Gefallenheit und Verlorenheit des Menschen ohne Gott, noch bezeugt er, dass

Jesus am Kreuz gestorben und drei Tage später auferstanden ist. Er kann darin deshalb auch nicht eine von Gott gewirkte Erlösung sehen, die der Mensch im Glauben anzunehmen und zu ergreifen hat. Aus diesem Grund kennen Anhänger des Islam das Evangelium nicht, und es ist nötig, dass wir es ihnen bezeugen.

Aber ist es nicht fast aussichtslos, Muslime für das Evangelium gewinnen zu wollen? Müsste nicht ein Wunder geschehen, damit ein Muslim seine tief sitzende Ablehnung gegen das Christentum überwindet?

Möglich. Aber der christliche Glaube *ist* ein Glaube an einen Gott, der Wunder tut. Gott hat dieses Wunder schon vollbracht – zum Beispiel im Leben von Paulus: Gott hat aus einem fanatischen Christenhasser einen der größten Zeugen des Evangeliums gemacht. Und Gott hat dieses Wunder bis heute auch im Leben vieler ehemaliger Muslime getan, die zum christlichen Glauben gefunden haben.[5] Für Gott ist nichts unmöglich!

Wer die Mission unter Muslimen ablehnt, der widerspricht dem klaren Auftrag Gottes. Und wer sie gar für unmöglich hält, verleugnet die Allmacht Gottes.

Als Christen reagieren wir also dann richtig auf die islamische Herausforderung, wenn wir Muslimen das Evangelium verkündigen und ihnen die Liebe Gottes vorleben.[6]

Dialog

In den zurückliegenden Jahrzehnten ist zunehmend ein Bewusstsein dafür gewachsen, dass es sinnvoll ist, mit den Vertretern anderer Religionen ins Gespräch zu kommen. Bei manchen Formen dieses «interreligiösen Dialogs» wurde jedoch so getan, als habe man es in den verschiedenen Religionen letztlich doch nur mit ein und derselben Sache zu tun. Manche Vertreter des Christentums gingen sogar so weit, mit Vertretern des Islam zum gemeinsamen Gebet zusammenzukommen.[7] Andere lehnten dies jedoch entschieden ab und sahen es als einen Verrat am Missionsbefehl und am Absolutheitsanspruch von Jesus Christus an.[8]

Der Dialog zwischen Christen und Muslimen kann dazu beitragen, einander besser verstehen zu lernen und so unberechtigten Vorurteilen entgegenzuwirken. Das ist durchaus notwendig, denn die wirkliche gegenseitige Kenntnis von Christen und Muslimen ist oft erschreckend gering. Außerdem ist es für das Zusammenleben in unserer immer «kleiner» werdenden Welt wichtig, dass im Gespräch vereinbart wird, welche Regeln für das Zusammenleben gelten sollen.

Und schließlich ist der Dialog auch eine unverzichtbare Vorbedingung für die Mission: Bevor ich nämlich einem Menschen das Evangelium so nahe bringen kann, dass er es begreift, muss ich zunächst einmal wissen, wo er steht, was er denkt und was ihn bewegt. Wir brauchen deshalb als Christen den Dialog mit Muslimen.

Problematisch wird der interreligiöse Dialog jedoch dann, wenn er die vorhandenen Unterschiede verwischen will oder wenn als Vorbedingung für den Dialog gar die Aufgabe des eigenen Standpunkts gefordert wird. Solch einen Dialog sollten wir als Christen grundsätzlich ablehnen.[9]

Ebenen eines berechtigten Dialogs[10]	Ziel des Dialogs
1. Gesprächsebene	Besseres Kennenlernen
2. Arbeitsebene	Regelung des Zusammenlebens, gemeinsamer Einsatz für öffentliche Belange
3. Missionsebene	Muslimen Christus bezeugen

Alle bereits genannten Reaktionsweisen auf den Islam (Widerstand, Mission, Dialog) enthalten Elemente, die wir unbedingt beachten müssen, um dem Islam auf eine ausgewogene Art und Weise zu begegnen. Von entscheidender Wichtigkeit für den christlichen Umgang mit Muslimen ist dabei aber in allen Belangen die Liebe, denn sie sollte immer im Mittelpunkt stehen, wenn Christen anderen Menschen begegnen. Hier haben wir deutlich zu unterscheiden zwischen der Lehre des Islam, die wir als Christen ablehnen, und den Muslimen als Menschen, die wir zu lieben haben.

Wenn wir uns in der Auseinandersetzung mit der Herausforderung «Islam» aber nur auf Widerstand, Mission und Dialog beschränken, dann fehlt uns etwas ganz Entscheidendes, das heute leider viel zu oft übersehen wird: die christliche Selbstkritik und die innere Umkehr.

2.2 Das fehlende Element: Selbstkritik und innere Umkehr

Was hier mit «Selbstkritik und innerer Umkehr» gemeint ist, möchte ich an einem konkreten Beispiel verdeutlichen.

Ein Pfarrer kehrt um

Der Pfarrer Paul Schütz (1891–1985) wurde 1926 Missionsleiter der Deutschen Orient-Mission, einer Organisation, die sich besonders die Missionsarbeit unter Muslimen zum Ziel gesetzt hatte. Im Jahre 1928 reiste er durch den Vorderen Orient, um sich vor Ort ein Bild davon zu machen, was für die zukünftige Ausrichtung der Missionsarbeit wichtig war. Zwei Jahre später veröffentlichte Schütz dann einen Bericht, in dem er beschrieb, wie die Reise für ihn zu einem eindrücklichen geistlichen Erlebnis wurde.

Kaum war er mit dem Schiff in Alexandrien (Ägypten) angekommen, hatte er schon sehr bald das Gefühl, dass ihn – und allgemein den Menschen des Westens – etwas von den Menschen im Orient trennte. Er hatte den Eindruck, auf eine unsichtbare «dämonische» Mauer zu treffen. Er fragte sich, ob dieses verborgene Hindernis nicht auch der Grund dafür sei, dass die protestantische Mission in der islamischen Welt bisher so wirkungslos geblieben war. Interessanterweise suchte Schütz die Ursache für diese «dämonische» Mauer nicht bei den Muslimen. Er war vielmehr der Überzeugung, dass er selbst – als Christ – sie aus dem Westen mitgebracht hatte. In der Heimat war diese Mauer unbemerkt geblieben; hier wurde sie jedoch plötzlich spürbar. In der Begegnung mit den Orientalen, die hofften, von ihm etwas Geld zu bekommen, wurde ihm klar, dass dieser unsichtbare Wall den Namen «Mammon» trägt.

Er schreibt dazu: «Im Geld liegt unsere Macht ... Dies heischen sie (beileibe nicht unser Christentum!). Durch den Besitz dieser Macht sind wir charakterisiert (beileibe nicht durch unseren Glauben).»[11] Mitten im Orient wurde ihm plötzlich bewusst: «Im Westen zerfleischt man sich um den Gott Mammon ... Wir ahnen die gigantische Dämonie der westlichen Welt da drüben.»[12]

Paul Schütz reiste über Jerusalem bis nach Kurdistan. Von dort aus wollte er über das russische Armenien wieder nach Europa gelangen. Mehrmals versuchte er deshalb, nach Russland einzureisen, was ihm jedoch verwehrt wurde. Auch ein letzter Versuch, über das persische Täbris nach Russland zu kommen, scheiterte. Und so musste er gezwungenermaßen umkehren. Paul Schütz deutete dieses äußere Ereignis für sich dann geistlich: Er hatte den Eindruck, an der von ihm empfundenen «unsichtbaren dämonischen Mauer» abzuprallen und auf diese Weise zur Umkehr gezwungen zu werden. So kam er auf der strapaziösen Rückreise auf einem Lastwagen ins Grübeln über eine nötige innere Umkehr: «Mit dem Rücken lehnte man gegen Kisten. Sie stießen uns jämmerlich ins Kreuz. Just die richtige Lage für die schuldige Bußpredigt. Die Bußpredigt von Täbris. Das gedenkt mich mein Lebtag. Diese Rückfahrt, diese Umkehr! Heißt Buße nicht Metanoia, das ist Umkehr?»[13]

Im weiteren Nachdenken wurde ihm klar, dass die protestantische Kirche des Westens viel Grund zur Buße hatte. Hatte sie nicht auch auf verhängnisvolle Art und Weise Religion und Politik vermischt? «Aus der Distanz der Ferne sieht man, daß da drüben in Europa im Herzen der Christenheit die Kirche in die babylonische Gefangenschaft geraten ist. Sie hat ihr Erstgeburtsrecht verkauft ... Man traut ihr daheim ebenso wenig wie hier draußen. Sie hat das Vertrauen verloren. Das Vertrauen, das ihr Wort ernst zu nehmen willig macht ... Daheim, hinter Dir, in Deinem Rücken, ist nichts. Die Stadt auf dem Berge ist verfallen. Das Licht vom Leuchter gestoßen. Du bist allein hier draußen und hast nichts hinter Dir. Nur ein Vakuum, eine Leere, die mit einem unbekannten Horror Dich packt und zurückwirbelt dorthin, von wo Du ausgingst.»[14]

Ob die Eindrücke, die Paul Schütz in seinem Reisebericht veröffentlich hat, wirklich ein objektives Bild von der damaligen Situation im Orient widerspiegeln, ist von manchen bezweifelt worden.[15] Es bleibt jedoch beachtenswert, dass hier ein Christ aus dem Westen auf einer Reise durch die islamischen Länder plötzlich feststellt, dass die Christenheit selbst an manchen Punkten Umkehr nötig hat.

Hier stoßen wir wieder auf das zuvor schon benannte und äußerst wichtige Element in der Begegnung des christlichen Glaubens mit dem Islam: nämlich auf die christliche Selbstkritik und als Folge davon auf die innere Umkehr.

Aber ist die Betonung von christlicher Selbstkritik und innerer Umkehr angesichts des Islam denn wirklich angebracht? Ist es nicht der Islam selbst, der die Umkehr nötig hat? Warum sollten wir bei uns Christen, den Anhängern der wahren Religion, nach Fehlern suchen? Dieser Aspekt erscheint manchen von uns ungewohnt. Ein kurzer Blick auf die Geschichte von Abraham, Isaak und Ismael kann uns hier weiterhelfen.

Abraham, Isaak und Ismael – eine alte Geschichte unter einem neuen Blickwinkel

Viele kennen die Geschichte von Abraham und seiner Familie: Abraham wartete nicht, dass sich die Verheißung Gottes erfüllen und er einen Nachkommen haben würde. Stattdessen versuchte er sein Schicksal in eigener Regie in den Griff zu bekommen, indem er mit Hagar, der Magd seiner Frau, ein Kind zeugte. So kam es, dass Abraham später zwei Söhne hatte, die miteinander konkurrierten: Ismael, den Sohn des eigenmächtigen Weges, und Isaak, den Sohn der Verheißung.

Wenn es um das Verhältnis von Christentum und Islam geht, wird in Diskussionen oft auf diese Geschichte von Abraham und seinen beiden Söhnen

Bezug genommen: Wir als Christen halten uns – zumindest aus geistlicher Sicht – für Nachfahren der Segens- und Heilslinie, die von Abraham über Isaak verläuft. Ismael dagegen steht für den Islam. Das ist in zweierlei Hinsicht einleuchtend: Zum einen berufen sich Muslime selbst auf Ismael und sehen sich in der Traditionslinie, die von Abraham über Ismael geht. Wer sich außerdem einmal näher mit dem Wesenskern des Islam beschäftigt hat, kann in ihm tatsächlich so etwas wie einen «eigenmächtigen menschlichen Weg» (im Gegensatz zum «Weg des Glaubens») erkennen.

Die Rollenaufteilung in Gut und Böse ist bei uns dann schnell passiert: Der Böse ist Ismael, denn er – und mit ihm der Islam – steht für den eigenmächtigen Weg des Menschen, den Gott nicht als Heilsweg akzeptieren kann und deshalb verwirft. Und tatsächlich können wir in der Bibel nachlesen (zum Beispiel in 1. Mose 21,9), dass Ismael sich einiges zuschulden kommen ließ.

Wir sollten bei alledem aber nicht vergessen, *wer* es denn eigentlich war, der den «eigenmächtigen menschlichen Weg» wählte. Es war nicht Ismael. Es war vielmehr Abraham, der Stammvater unseres eigenen Glaubens. Bei der Frage, wer hier nun eigentlich Fehler begangen hat, müssen wir deshalb auch auf Abraham schauen. Denn die Existenz Ismaels war eine Folge von Abrahams Versagen.

Wäre es also denkbar, dass auch die Existenz des Islam etwas damit zu tun hat, dass die Christenheit versagt hat? Könnte der Islam tatsächlich so etwas wie ein Gericht Gottes über seine lau gewordene christliche Kirche sein?

3 Der Islam – ein Gericht Gottes?

3.1 Warum der Gott der Liebe richtet

Warum fällt es uns heute so schwer, davon zu sprechen, dass Gott richtet? Kann es sein, dass wir mit dem Wort «Gericht» vielfach negative Vorstellungen verbinden und dann meinen: «Das passt doch nicht zur Liebe Gottes!»?

Versuchen wir doch einmal zu klären, was überhaupt damit gemeint ist, wenn in unserem Kontext der Begriff «Gericht» gebraucht wird.

Ganz allgemein hat «Gericht» etwas damit zu tun, dass Gerechtigkeit und Frieden (wieder-)hergestellt werden. Wo Unrecht geschehen ist, soll durch ein Gerichtsverfahren, das zu einer angemessenen Verurteilung des Schuldigen führt, der Bestand des Rechts in einer Gesellschaft geschützt werden. Und durch ein solches «Gericht» bekommt der Täter zu spüren, dass er ein Unrecht begangen hat, das für ihn unangenehme Folgen nach sich zieht. Ideal wäre es, wenn er dann auch einsieht, dass er einen Fehler begangen hat, und dies in Zukunft unterlässt. Wo «Gericht» vollstreckt wird, kann es also auch einen erzieherischen Aspekt haben. In einer Gesellschaft, in der kein «Gericht» mehr stattfindet, greift das Unrecht um sich, und das Chaos nimmt überhand.

Deshalb ist es etwas durch und durch Gutes, wenn gerechtes «Gericht» geschieht und entschieden gegen das Böse vorgegangen wird.

Wenn Gott richtet, steht seine Gerechtigkeit folglich in keinem Gegensatz zu seiner Liebe – beide gehören vielmehr untrennbar zusammen. Der hebräische Begriff für «Gericht» im Alten Testament (*mischpath*) spiegelt diesen Zusammenhang wider. Er kann nämlich nicht nur mit dem Wort «Gericht» übersetzt werden, sondern bedeutet ebenso «Gnade» oder «Heil». «Gericht» hat also in der Bibel etwas damit zu tun, dass «der Zustand des Friedens und des Gedeihens, also des Schalom, gewahrt und gefestigt» wird.[16]

Im Alten Testament lesen wir davon, dass Gott das Volk Israel auf besondere Art und Weise zu seinem Eigentum erwählte. Er schloss mit dem Volk einen Bund, der auch bestimmte Gesetze enthielt, die den Umgang des Volkes mit Gott und untereinander regeln sollten. Gott versprach, sein Volk zu segnen und zu schützen, wenn es sich an den Bundesschluss hielt: «Wenn ihr aber bereitwillig auf das hört, was ich euch ... mitteile, dann werden eure Feinde auch meine Feinde sein und eure Gegner meine Gegner» (2. Mose 23,22). Wenn sein Volk allerdings nicht auf ihn hörte und ihm den Rücken zukehrte, so wäre die Folge: «Der Herr wird euch euren Feinden ausliefern» (5. Mose 28,25).

Und so kam es dann auch: Das Volk fiel von seinem Gott ab und verehrte die Götter anderer Völker. Damit hatte Israel die Bundesvereinbarungen gebrochen. Und die Folge war das Gericht Gottes. Er ließ es zu, dass feindliche Mächte sein Volk besiegten. Im Alten Testament findet sich eine ganze Reihe von Beispielen, in denen das Vordringen der Feinde Israels als Gericht Gottes verstanden wird. So lesen wir etwa in 2. Chronik 24,23–24: «Am Anfang des nächsten Jahres erklärten die Syrer Joasch den Krieg. Sie marschierten in Juda ein, eroberten Jerusalem und brachten alle führenden Männer des Volkes um ... Obwohl die Judäer in der Überzahl waren, ließ der Herr die Syrer siegen, denn Juda hatte den Herrn, den Gott seiner Vorfahren, verlassen. So vollstreckten die Syrer an Joasch das Urteil Gottes.» Nicht die militärische Stärke war letztlich dabei ausschlaggebend, sondern die Frage, wie das Volk zu seinem Gott stand. Wenn das Volk treu im Bund mit seinem Gott lebte, musste es nie die Stärke seiner Gegner fürchten und auch nicht seine eigene militärische Schwäche. Erschrecken musste das Volk Gottes immer nur über seine eigene Sünde und seine Auflehnung gegen Gott.

Aber Gott hat sein Volk nie aufgegeben. Wenn er es richtete, so war das eine Erziehungsmaßnahme, durch die er sein Volk letztlich zur Besinnung bringen und wieder für sich gewinnen wollte. Es war also eine «Heim-Suchung» im wahrsten Sinne des Wortes. Das Volk sollte die Folgen seines Irrweges zu spüren bekommen, damit es umkehrte und so vor Schlimmerem bewahrt blieb. Weil Gott die Menschen liebt, will er nicht, dass ein Sünder ins Verderben stürzt, sondern er will, dass «er von seinen falschen Wegen umkehrt und am Leben bleibt» (Hesekiel 18,23). Deshalb rief Gott sein Volk zur Umkehr und gab ihm die Verheißung: «Wenn ihr umkehrtet und stille bliebet [also: nirgends anders Hilfe sucht als bei Gott], so würde euch geholfen» (Jesaja 30,15; Luther).

Es stellt sich nun die Frage, ob der Gedanke des «zurechtbringenden Gerichtes» in der Bibel nur auf das alttestamentliche Volk Gottes beschränkt ist. Denn wir leben als neutestamentliche Gemeinde nicht mehr unter dem gleichen Bund und unter den gleichen Verheißungen wie Israel. Gott verheißt zwar auch uns seine segnende Gegenwart (Matthäus 28,18–20), aber er verheißt uns nicht, dass er uns als Gemeinde – wie etwa Israel im Alten Bund – ein eigenes Land schenkt, in dem wir in Sicherheit vor unseren Feinden leben können.

Trotz all dieser Unterschiede findet sich auch im Neuen Testament der Gedanke des Gerichts – ganz im Sinne einer Erziehungsmaßnahme Gottes.

In der Gemeinde in Korinth hatte Paulus so manches zu tadeln. Die Mahlzeiten in der Gemeinde waren früher beispielsweise noch ein wirkliches Gemeinschaftsmahl gewesen. Jetzt aß jeder für sich allein, und man nahm keinerlei Rücksicht mehr aufeinander. So kam es, dass einige nicht genug hatten und nicht satt wurden. Andere wiederum hatten mehr als nötig und waren sogar betrunken. Wie konnten sie in solch einem Zustand dann noch gemeinsam das Abendmahl feiern? Dass die Gemeinde in Korinth durch so manche Not zu gehen hatte (Paulus nennt Schwachheit, Krankheit und Tod), sah Paulus darin begründet, dass sie sich durch ihr

Verhalten das Gericht Gottes zugezogen hatten. Über die Absicht dieses Gerichtes Gottes an seiner Gemeinde sagt Paulus: «Wenn wir aber vom Herrn gerichtet werden, so werden wir gezüchtigt, damit wir nicht samt der Welt verdammt werden» (1. Korinther 11,32; Luther). Das Gericht Gottes wird also auch hier als eine Erziehungsmaßnahme verstanden, durch die er seine Gemeinde zur Umkehr bewegen und so vor Schlimmerem bewahren will.

Im Hebräerbrief (12,6–11) lesen wir davon, dass es sogar ein Erkennungszeichen für Kinder Gottes ist, dass Gott sie züchtigt. Weil wir Gott nicht gleichgültig sind, lässt er uns nicht einfach weglaufen. Und ganz ähnlich drückt es Gott selbst in den Sendschreiben an die Gemeinden in Kleinasien aus (Offenbarung 3,19): «Bei allen, die ich liebe, decke ich die Schuld auf und erziehe sie mit Strenge. Nimm dir das zu Herzen, und kehr um zu Gott!»

Es finden sich also durchaus auch im Neuen Testament Aussagen darüber, dass Gott seine Gemeinde da züchtigt, wo sie seine Nähe verlassen hat.

Wenn im Folgenden vom «Gericht» Gottes die Rede ist, so ist damit also hauptsächlich dieser erzieherische und zurechtbringende Aspekt gemeint: Gott lässt sein Volk nicht weglaufen, sondern «sucht es heim».

> «Mein Sohn, verwirf die Zucht des HERRN nicht und sei nicht ungeduldig, wenn er dich zurechtweist; denn wen der HERR liebt, den weist er zurecht, und hat doch Wohlgefallen an ihm wie ein Vater am Sohn.» *Sprüche 3,11–12 (Luther)*

3.2 Was das Gericht Gottes *nicht* ist

Wenn man vom Gericht Gottes spricht, ist es wichtig, einige Grenzen zu beachten.

So darf zunächst einmal die Tatsache, dass Gott richtet, nicht dazu führen, dass wir meinen, jedes Unglück und jeder Misserfolg sei zwangsläufig als ein Gericht Gottes zu verstehen. (Umgekehrt darf nicht jeder Erfolg als ein Zeichen für die segnende Zustimmung Gottes verstanden werden.) In Gottes Gerichtshandeln bleibt immer ein Geheimnis bestehen. Das Wort Gottes weist uns darauf sehr deutlich hin: «Wie unbegreiflich sind seine Gerichte und unerforschlich seine Wege» (Römer 11,33; Luther). Wir müssen akzeptieren, dass wir als Menschen Gottes Handeln in der Geschichte nie bis ins Letzte verstehen können und dass immer einige Fragen offen bleiben werden. Zwar gewährt Gott den Menschen ab und zu einen prophetischen Blick hinter die Kulissen des weltgeschichtlichen Dramas, die uns einzelne Aspekte seines geschichtlichen Handelns verstehen lassen. Dennoch bleibt so manches rätselhaft und unserem Verständnis verborgen.[17]

Es ist von daher angebracht, eine gewisse Zurückhaltung in der Interpretation einzelner Ereignisse als zurechtbringendes Gericht Gottes zu üben. Trotzdem müssen wir als Gemeinde Jesu an diesem Punkt wachsam bleiben, uns immer wieder prüfen und uns fragen, wo Gott uns tatsächlich zur Umkehr aufrufen will. Und dabei können wir sowohl äußere Bedrängnisse als auch das Empfinden geistlicher Fruchtlosigkeit durchaus zum Anlass nehmen, um unser Leben neu vor Gott zu prüfen.

Vorsicht ist aber noch an einer anderen Stelle geboten: Dass wir in einem bestimmten Ereignis Gottes Gerichtshandeln und einen Ruf zur Umkehr erkennen, bedeutet nicht, dass wir das Ereignis selbst als etwas Gutes darstellen wollen. Ebenso wenig bedeutet es, dass wir die Verursacher dieses Ereignisses damit rechtfertigen.

Ein Beispiel mag das verdeutlichen: Viele sehen in dem Leid, das das jüdische Volk in den vergangenen zweitausend Jahren immer wieder durchleben musste, einen Ruf Gottes an sein Volk, zu ihm zurückzukehren. Doch kaum einer käme auf die Idee, dass er damit die Verursacher dieses Leides, etwa die Nationalsozialisten im Dritten Reich, für ihr Verhalten gegenüber den Juden rechtfertigen wollte.

Oder schauen wir uns einmal Jesus selbst an: An ihm vollstreckte Gott das Gericht über die Sünde der Welt. Aber war es deshalb etwas Gutes, dass Judas ihn verraten hat, dass der Hohe Rat auf seinen Tod hindrängte und dass die Soldaten des Pilatus ihn schließlich hingerichtet haben? Keineswegs! Hier zeigt sich sehr deutlich, dass der Mensch auch dort, wo wir vom Gericht Gottes sprechen, letztlich für sein Handeln selbst verantwortlich bleibt. Dass Gott in dieser gefallenen Welt sogar unsere menschliche Bosheit noch für seine guten Ziele nutzen kann, darf nie zu einer Entschuldigung für unsere Sünden werden.

Im Islam ein Gericht Gottes zu sehen, bedeutet deshalb weder, den Islam positiv zu bewerten, noch das Handeln von Muslimen zu rechtfertigen. Auch wenn wir als Christen im Islam eine antigöttliche Macht erkennen, kann es sein, dass Gott ebendiese benutzt, um uns zur Umkehr aufzurufen.

Genau so haben Christen den Islam durch die Jahrhunderte hindurch immer wieder gedeutet: als Gericht Gottes und damit als einen Ruf zur Umkehr. Einige Beispiele dafür will ich in den folgenden Abschnitten genauer unter die Lupe nehmen.

3.3 Beispiele für die Islam-Deutung in den orientalischen Kirchen

Die ersten Christen, die vom Aufkommen des Islam und seiner rasanten Ausbreitung betroffen waren, gehörten zu den verschiedenen orientalischen Kirchen.[18] Im Laufe ihrer Geschichte wurden diese Kirchen immer wieder zum Opfer islamischer Unterdrückung. Findet sich bei ihnen nun auch das Verständnis vom Islam als einem Gericht Gottes?

Von *Johannes von Nikiu* (geboren um 640), Bischof der koptischen Kirche in der nordägyptischen Stadt Nikiu, stammt das früheste erhaltene Urteil eines christlichen Theologen über den Islam. Schon um das Jahr 700 sah er im Islam vor allem eine Strafe Gottes für die byzantinische Kirche. Als offizielle Reichskirche im oströmischen Reich unterdrückte die byzantinische Kirche – mit der Staatsmacht im Rücken – die anderen Kirchen in ihrem Einflussbereich. Davon waren vor allem die koptische Kirche in

Ägypten und die jakobitische Kirche in Syrien betroffen. So ist es nicht verwunderlich, dass die Anhänger dieser verfolgten Kirchen im Vordringen des Islam zunächst ein helfendes Eingreifen Gottes für sich selbst und ein Gericht Gottes über die ihnen feindlich gesinnte byzantinische Reichskirche sahen.[19]

In diesem Sinne verstand beispielsweise *Michael der Syrer* (1126–1199), ein Patriarch der jakobitischen Kirche, das Vordringen des Islam: «Der Gott der Rache ... der die Bosheit der Römer [gemeint sind die Byzantiner] sah, die, wo immer sie herrschten, auf grausame Art und Weise unsere Kirchen und Klöster plünderten und uns erbarmungslos verdammten – führte die Söhne Ismaels vom Süden her, um uns von den Händen der Römer zu erlösen.»[20]

Die Gründe für den erfolgreichen Vorstoß der Türken gegen die Franken im Jahre 1148 sah Michael der Syrer in der Gottlosigkeit, die im Volk der Franken herrschte, «... das der Herr verlassen hatte, weil sie selbst Ihn verlassen hatten».[21]

Auch unter Mitgliedern der armenischen Kirche findet sich die Sichtweise, die islamischen Erfolge seien eine Strafe Gottes für die Sünden der Christenheit: So deutete beispielsweise der armenische Geschichtsschreiber *Thomas Ardzruni* (gestorben im frühen 10. Jahrhundert) die Verwüstung Armeniens durch islamische Heere im Jahre 852 als Erfüllung einer Vision aus dem biblischen Buch Joel: Dort verwüstet eine große Plage von Heuschrecken und Raupen das ganze Land. Ausdrücklich wird diese Plage als ein «Heer Gottes» verstanden (Joel 2,25;

Luther) und als eine Strafe, durch die das Volk Gottes zur Umkehr aufgerufen wird (Joel 2,12–14).[22]

Im Jahre 1604 wurde ein Teil der Bevölkerung Armeniens durch muslimische Heere verschleppt. Der armenische Autor *Arakel von Täbris* (ca. 1600 – ca. 1670) schreibt über diese Ereignisse: «Da hätte unser Volk den Mose der alten Zeiten gebraucht und seinen Nachfolger Josua, um Israel aus den Händen eines anderen Pharaos zu befreien ... Aber sie hatten sie nicht, denn die Menge unserer Verbrechen hatte die Türen der Barmherzigkeit des gerechten Gottes verschlossen.»[23]

Ein weiteres Beispiel findet sich in dem Bericht eines christlichen Augenzeugen (heute als *Pseudo-Dionysius von Tell-Mahre* bezeichnet), der die grausamen Vergehen des Gouverneurs al-Manur an der Bevölkerung Mesopotamiens im Jahre 770 schilderte. Selbstkritisch weist er dabei auf das Versagen der Christen hin: «... niemand entkam der Tragödie, die in dieser Zeit stattfand, wegen unserer vielen Sünden».[24]

Diese Auszüge können sicherlich kein umfassendes und ausgewogenes Bild darüber abgeben, wie man den Islam in den orientalischen Kirchen gedeutet hat. Aber bereits diese wenigen Beispiele zeigen, dass der Siegeszug des Islam durch die christlichen Länder in einigen orientalischen Kirchen, an verschiedenen Orten und zu unterschiedlichen Zeiten, durchaus auch als ein Gericht Gottes über die Sünde der Christen verstanden wurde. Dies geschah weitgehend im Rahmen des alttestamentlichen Verständnisses vom Gericht Gottes an seinem Volk: Das (christliche) Volk hat Gott verlassen, und darum lässt Gott es zu, dass es von fremden Mächten besiegt wird. Ein genaueres Nachdenken über die Frage, warum ein solches Gericht ausgerechnet durch den Islam geschieht, findet sich in diesen Quellen jedoch noch nicht.

Eine inhaltliche Zuspitzung dieses Themas fand dann aber während der Reformationszeit in der westlichen Kirche statt.

3.4 Beispiele für die Islam-Deutung in der Reformationszeit

Im Mittelalter war die islamische Welt den Ländern der christlichen Welt in mancherlei Hinsicht überlegen. Denn nach dem Niedergang der Antike war der Islam zum Haupterben der Wissenschaft und der Philosophie Griechenlands geworden. Er brachte bedeutende Gelehrte, Philosophen, Wissenschaftler (al-Farabi, Avicenna, Averroes), aber auch erfolgreiche Feldherren (wie etwa Saladin) hervor.[25] So übte der Islam im 13. und 14. Jahrhundert durchaus eine Faszination auf die christliche Welt aus.

Im 15. und 16. Jahrhundert wurde der Islam jedoch aufgrund seiner militärischen Erfolge immer stärker als Bedrohung wahrgenommen. Im Jahre 1529 (also inmitten der Reformation) drangen türkische Heere bis nach Wien vor. Der Islam bedrohte das gesamte christliche Europa und konnte deshalb nicht mehr ignoriert werden. So ist es nicht verwunderlich, dass sich die Reformatoren auch über das Wesen des Islam äußerten.

Schon der englische Vorreformator *John Wyclif* (1330–1384) setzte sich in vielen seiner Schriften mit dem Islam auseinander. Er vertrat die Ansicht, dass der Islam deshalb immer mehr an Macht gewinne, weil die Kirche versagt habe. Im Jahre 1378 schrieb er über den Islam: «Ich wage zu sagen ... daß diese Antireligion solange wachsen wird, bis der Klerus zur Armut Jesu Christi und zu seiner ursprünglichen Situation zurückkehrt.»[26] Die Lösung lag für Wyclif darin, dass man den Geist des Islam durch den des Evangeliums überwinden müsse.

Dem Geist des Islam begegnete man aber zunächst in der eigenen Kirche. Denn zwischen dem Islam und der abendländischen Kirche seiner Zeit sah Wyclif deutliche Parallelen: Beide waren für ihn geprägt von Stolz, Gier, Machtgelüsten, Habsucht und Gewalttätigkeit. Außerdem sah er folgende Gemeinsamkeit: Mohammed habe sich nur das aus der Bibel herausgepickt, was seinem Zweck diente, den Rest aber habe er verworfen. Dazu habe er dann seine eigenen Erfindungen hinzugefügt, so wie es ihm gerade passte. Genau das gleiche Vorgehen nahm Wyclif zu seiner Zeit bei den Mächtigen in der Kirche wahr.

Aufgrund dieser Gemeinsamkeiten zwischen Islam und Christentum bezeichnete er die Christenheit gelegentlich mit dem Ausdruck «Wir abendländischen Mohammede». Den Islam konnte man seiner Auffassung nach nur auf einem Weg überwinden: Die Gebrechen der christlichen Welt müssten erst einmal geheilt und die Kirche von innen heraus grundlegend reformiert werden. Solange das nicht geschehen war, war der Krieg gegen den Islam für ihn sinnlos. Und auch an Muslime gerichtete Predigten und Streitgespräche mit islamischen Gelehrten spielten für ihn zunächst nur eine untergeordnete Rolle.[27]

Martin Luther (1483–1546) beschäftigte sich ebenfalls mit diesem Thema und gab sogar eine Art Handbuch über den Islam heraus.[28]Ausführlich setzte er sich mit der Frage auseinander, wie man als Christ zum Krieg gegen die Türken zu stehen habe.

In seiner Schrift «Vom Kriege wider die Türken» von 1528 wandte er sich dabei mit aller Entschiedenheit gegen den Kreuzzugsgedanken. Krieg zu führen oder dazu aufzurufen war für Luther nicht Aufgabe der Kirche. Die Pflicht, das Land vor äußeren Feinden zu schützen, war für ihn allein Sache der weltlichen Obrigkeit. Aufgabe der Kirche sei dagegen der Kampf gegen des «Türken Gott». Und für diesen Kampf seien der Kirche nur geistliche Waffen gegeben.[29]

Die Bedrohung durch die islamischen Heere sah Luther einerseits als ein Werk des Teufels an. Letztlich aber deutete er die islamische Bedrohung als «Gottes zornige Rute», mit der er die Christenheit für ihre Sünden strafen wolle.[30] Diese Auffassung vom Islam als «Gottes Züchtigungsrute» ist grundlegend für Luthers Deutung des Islam und findet sich schon im Jahre 1518 in Luthers Erklärungen zur fünften seiner 95 Thesen.[31]

Den Großen der Kirche warf Luther vor, mit dem

Krieg gegen die Türken «nicht gegen die Sünden der Christenheit, sondern gegen die Zuchtrute der Sünde, also gegen Gott streiten» zu wollen.[32] Zugespitzt konnte er sogar sagen: «... gegen die Türken Krieg führen, heißt Gott widerstreben, der unsere Ungerechtigkeiten durch jene heimsucht».[33] Seiner Auffassung nach musste man das Vordringen des «Türken» als Gottes «Rute und Zorn» entweder erdulden, oder «allein mit Buße, Weinen und Gebet wider ihn fechten» und ihn auf diesem Wege besiegen.[34]

Die Bedrohung durch die islamischen Heere war für Luther also ein ernst zu nehmender und demütigender Bußruf an die Christenheit.[35] Buße tun, das war für ihn der erste Schritt zur Abwehr des Islam. Und dieser Schritt musste auch vor einem Verteidigungskrieg durch den Kaiser stehen: «Es muss wahrlich dieser Streit bei der Buße angefangen sein, und wir müssen unser Wesen bessern oder wir werden umsonst streiten.» Bevor man also zur Waffe greife, müsse man sich selbst «bessern und einen gnädigen Gott machen».[36]

Luther sah die Lösung für das islamische Problem also zuerst weder in politischen Mitteln noch in der intellektuellen Auseinandersetzung mit dem Islam. Er erwartete auch nicht, dass man die Muslime bekehren könne, da er sie ohnehin für verstockt hielt. Nein, für ihn waren die Mittel zur Überwindung der islamischen Bedrohung Gebet und Buße.[37]

Obwohl Luther sich über die Religion des Islam keine Illusionen machte und in ihm eine antichristliche Macht erkannte,[38] deutete er zuweilen an, dass er den desolaten Zustand der christlichen Kirche für noch schlimmer hielt: «... die Christen schänden den Namen Christi, obschon sie Gottes Wort haben, und sind darum ärgere Christen, als jene, die sich machmetisch (mohammedanisch) nennen und nicht christlich rühmen.»[39] Und obwohl Luther die Muslime für verstockt hielt, fragte er sich, ob man sie nicht doch leichter für das Evangelium gewinnen könne als die Christenheit selbst. Gelegentlich stellte er sogar die Religiosität der Türken als Vorbild für die Christen hin. So schreibt er in der «Heerpredigt wider den Türken» aus dem Jahre 1529: «Zum andern wirst du auch finden, daß sie in ihren Kirchen [gemeint sind die Moscheen] oft zum Gebet zusammen kommen und mit solcher Zucht, Stille und schönen äußerlichen Gebärden beten, daß bei uns in unseren Kirchen solche Zucht und Stille auch nirgends zu finden ist.»[40]

So konnte Luther den Islam auch als «Schulmeister» für die Christenheit ansehen, der uns lehren und dazu anstoßen müsse, Gott zu fürchten und anzubeten, «sonst verfaulen wir gantz ynn sunden [Sünden] und aller sicherheit, wie bis her geschehen».[41]

Luthers enger Mitarbeiter *Philipp Melanchthon* (1497–1560) gebrauchte ganz ähnliche Bilder, wenn er über den Islam sprach. Er nannte die islamischen Heere «Züchtigungsmeister» und bezeichnete sie als «Züchtigungspeitsche». Auch für ihn war der Islam also eine den Christen auferlegte Strafe für ihre Sündhaftigkeit und Gottlosigkeit.

Die letzte Ursache für das Erstarken der Türken lag für Melanchthon bei Gott, der in seinem Zorn den

Teufel gewähren lasse und ihn nicht daran hindere, mit den türkischen Heeren gegen die Christenheit zu wüten.

Auch wenn Melanchthon den Islam als Gericht Gottes über die Schuld aller Menschen ansah, so wies er doch auf ganz bestimmte Missstände hin. Besonders hob er dabei die in der römischen Kirche herrschenden Missstände hervor: «Messopfer, Heiligendienst, Mönchtum und allgemeine Sittenlosigkeit.» Zuweilen sah er sogar direkte Zusammenhänge zwischen den kirchlichen Verirrungen und der Bestrafung Gottes durch den Islam. So war für ihn die Entstehung des osmanischen Reiches eine göttliche Vergeltung. Und zwar für die von Papst Innozenz III. verkündete Lehre, dass sich im Abendmahl die Substanz von Brot und Wein tatsächlich in Fleisch und Blut Jesu verwandeln würde.[42]

Für den Genfer Reformator *Johannes Calvin* (1509–1564) schließlich war der Türkenkrieg «ein Zeichen des göttlichen Zornes ... mit dem der Herr der Christenheit ... die Erneuerung der Kirche fördern» wolle.[43] Auch Calvin war davon überzeugt, dass man nur gegen die Türken bestehen könne, wenn es in der Christenheit zu einer inneren Umkehr komme: «Zu innerst in uns liegt ja der Brennstoff für den Türkenkrieg ... Der muss vor allem beseitigt sein, wenn wir den Krieg selbst glücklich abwenden wollen».[44] Ähnliche Äußerungen ließen sich durchaus auch bei verschiedenen anderen Persönlichkeiten aus der Reformationszeit finden.[45]

Für die *Deutung des Islam als Gericht Gottes im Zeitalter der Reformation* lassen sich folgende Kernpunkte festhalten:

- *Geistlicher Zusammenhang:* Es besteht ein innerer Zusammenhang zwischen dem geistlichen Zustand der Christenheit und der Stärke des Islam.
- *Inhaltliche Parallelen:* Im Wesen des Islam spiegeln sich die negativen Zustände in der Christenheit wider (und das bis in konkrete Problembereiche hinein).
- *Grundlegende Überwindung:* Auch wenn der Einsatz äußerer Machtmittel eine gewisse Berechtigung hat, so kann der Islam doch nur durch eine innere Erneuerung der Christenheit überwunden werden.
- *Göttliches Gericht:* Gott benutzt den Islam als Züchtigungsrute und Schulmeister, um seine Kirche zur Umkehr aufzurufen.
- *Angedeutete Hoffnung:* Gott will nicht im Zorn verharren, sondern wird vergeben und helfend eingreifen, wenn die Kirche seinem Bußruf folgt.[46]

Obwohl die Reformatoren an manchen Stellen sehr deutlich zwischen Kirche und staatlicher Obrigkeit unterschieden haben, bewegt sich auch die reformatorische Deutung des Islam als Gericht Gottes weitgehend im Rahmen des alttestamentlichen Verständnisses: Das «Volk Gottes» sind hier die christlichen Völker des Abendlands, denen Gott dann den (politisch-militärischen) Sieg über den Islam schenken wird, wenn die Christenheit zu ihrem Gott umkehrt.

Der Gedanke, dass man die Muslime selbst durch die Mission für das Evangelium gewinnen müsse, spielte bei den Reformatoren dagegen kaum eine Rolle.

3.5 Beispiele für die Islam-Deutung in der protestantischen Missionsbewegung

Eine neue Phase der Auseinandersetzung mit der islamischen Welt brach für den Protestantismus um die Jahrhundertwende (19./20. Jahrhundert) an. In Europa interessierte man sich aus wirtschaftlichen und politischen Gründen nun zunehmend für den Orient. So reiste der deutsche Kaiser Wilhelm II. im Jahre 1898 durch den Orient und versuchte die Zuneigung der islamischen Völker zu gewinnen, indem er sich als «Freund der Muslime» bezeichnete.[47]

Auch in der protestantischen Missionsbewegung dachte man nun verstärkt über die islamische Welt nach. Die Herausforderung des Islam bestand dabei in erster Linie nicht in einer militärischen Bedrohung (wie etwa bei den orientalischen Kirchen oder im Zeitalter der Reformation). Herausgefordert sah man sich vielmehr durch die Tatsache, dass die protestantische Missionsarbeit unter Muslimen im Vergleich zur Mission unter heidnischen Völkern bislang nur sehr wenig Frucht getragen hatte. Auch in dieser Epoche finden sich Hinweise darauf, dass der Islam als ein Gericht Gottes verstanden wurde.

Der Pionier der englischsprachigen Islam-Mission, *Samuel M. Zwemer,* schrieb 1884 in einem Artikel: «So wie der Islam selbst als eine Geißel Gottes über die unheilige und götzendienerische Kirche kam, so erstarkte der Islam auch und breitete sich ostwärts nach China und westwärts nach Sierra Leone aus, weil die Kirche nicht den geringsten Versuch machte, mit den großen Scharen der Muhammedaner in Berührung zu kommen, um ihnen das Evangelium zu bringen.»[48]

Den gleichen Begriff «Geißel Gottes» gebrauchte auch *Johannes Lepsius*, einer der deutschsprachigen Vorkämpfer der Mission unter Muslimen: «Für die ihm [dem Islam] unterworfenen christlichen Völker ist er oft genug eine Gottesgeißel gewesen, wie es die heidnischen Weltreiche für das Volk Israel waren.»[49]

Karl Meinhof, Professor für Afrikanistik und Vorstandsmitglied der Deutschen Orient-Mission, sah im Islam einen «Mahnruf» Gottes an die Christenheit: «Bei einer Betrachtung der Religionsgeschichte der letzten 1000 Jahre fragt man sich unwillkürlich: Warum ist der Islam überhaupt da? ... Die Antwort ist wohl nicht schwer. Wenn die Christenheit des Orients nicht versunken gewesen wäre in Bilderdienst, Aberglauben und öde Lehrstreitigkeiten, in Möncherei und äußerliche Werkheiligkeit – der Islam hätte nichts ausrichten können ... Das ist eine Warnung für die Christen aller Zeiten. Wenn wir diesen Glauben verlieren und menschliche Verstandesprodukte an seine Stelle setzen, so nützen uns die schönsten Kirchen und die feierlichsten Zeremonien nichts ... Also ein Mahnruf an alle Christenheit ist der Islam.»[50]

In dem 1948 erschienenen Standardwerk «Die Welt des Islam und ihre Berührungen mit der Christenheit» berichtet der ehemalige Sumatra-Missionar und Islamkenner *Gottfried Simon* schließlich vom Islam als einem «erschütternden Gericht Gottes über die nordafrikanische christliche Kirche und andere orientalische Gemeinden».[51]

Doch auch in neuerer Zeit findet sich in Missionskreisen gelegentlich die Ansicht, der Islam sei als ein Gericht Gottes über seine Kirche zu verstehen. Am deutlichsten hat diese These in den vergangenen Jahren *Eberhard Troeger,* der frühere Leiter der Evangeliumsgemeinschaft Mittlerer Osten, vertreten: «War nicht auch das islamische Reich, welches die alte mittelöstliche und nordafrikanische Kirche bis auf Reste vernichtet hat, ein Gericht Gottes über eine Kirche, die die Nachfolge des Gekreuzigten verlassen hatte? Ist die Existenz des Islam als eine weltliche und religiöse Macht mit ihrer enormen Herausforderung nicht bis heute ein Gericht Gottes über eine Kirche, die vielfach den Boden der Heiligen Schrift verlassen hat? Der Apostel Petrus sagt deutlich, dass das Gottes-Gericht ‹an seinem eigenen Hause anfängt› (1. Petrus 4,17).»[52] Eberhard Troeger erinnert in diesem Zusammenhang an 1. Könige 22,22–23, wo ein Lügengeist mit Gottes Erlaubnis von den Propheten Besitz ergreift, weil Gott beschlossen hat, Israel zu richten. Darüber hinaus bringt er einen neuen Aspekt in die Diskussion ein: Er wirft die Frage auf, ob der Islam nicht sogar als ein doppeltes Gericht

Gottes zu verstehen sei. Und zwar einerseits über die Christenheit, andererseits aber auch über die Anhänger des Islam.

In einer Stellungnahme der *Arbeitsgemeinschaft Evangelikaler Missionen* und der *Konferenz Bekennender Gemeinschaften* von 1984 wird ebenfalls daran erinnert, dass der Islam als ein Gericht Gottes zu verstehen sei: «Wir erkennen im Islam ein Gericht Gottes über eine Christenheit, die sich vielfach vom biblischen Evangelium entfernt hat.»[53] Nähere Angaben zu der Frage, was dieses Gericht Gottes denn im Einzelnen verursacht habe und wie man darauf zu reagieren habe, werden hier allerdings nicht gemacht.

Diese Zurückhaltung ist typisch für die evangelikalen Veröffentlichungen in neuerer Zeit. In vielen Schriften zum Thema «Islam» kommt der Gedanke an eine solche Deutung des Islam erst gar nicht auf. Und selbst wenn erwähnt wird, dass der Islam auch in diesem Sinne verstanden werden kann, wird dieser Ansatz jedoch inhaltlich nicht weiter verfolgt oder näher ausgeführt (wie dies zur Reformationszeit noch der Fall war).[54]

Eine gewisse Zurückhaltung und Vorsicht mag durchaus angebracht sein, wenn wir als Menschen geschichtliche Ereignisse geistlich deuten wollen. Und sicherlich ist das Phänomen «Islam» weitaus vielschichtiger, als dass wir ohne weiteres alle seine Facetten allein mit dem Stichwort «Gericht Gottes» erklären könnten. Es bleibt aber festzuhalten, dass die Deutung des Islam als «Gericht Gottes» von der Bibel her grundsätzlich möglich ist. Zudem sollten wir nicht vergessen, dass viele ganz unterschiedliche Christen im Verlauf der Kirchengeschichte in unterschiedlichen Situationen und an unterschiedlichen Orten den Islam genau in diesem Sinne verstanden haben. Das verpflichtet uns dazu, diesen Gedanken nicht einfach beiseite zu legen.

Erkennt man aber an, dass der Islam tatsächlich auch als ein Gericht Gottes über die Christenheit verstanden werden kann, so müsste man doch ein großes Interesse daran haben, die folgenden Fragen zu klären: Was könnten die Hintergründe und Ursachen für dieses Gericht Gottes sein? Wo haben wir als Christen versagt? Und wo müssen wir umkehren?

Ob wir nun den Islam als Gericht Gottes deuten oder nicht: Diesen drängenden Fragen nach unserem Versagen als Christen dürfen wir nicht ausweichen.

> «Ist es nicht auch Gericht Gottes, daß sich der Islam gegenwärtig in Europa erneut ausbreitet? Mit dieser Frage soll der Islam nicht entschuldigt werden. Aber die Auseinandersetzung mit dem Islam kann nur als Bußruf an die christliche Kirche und als Ruf zur Verkündigung des Evangeliums verstanden werden.» *Eberhard Troeger*[55]

4 Das Versagen der Christenheit

Anhand der Beispiele aus der Kirchengeschichte, die wir für die Deutung des Islam als Gericht Gottes bislang betrachtet haben, wurden bereits einige Punkte deutlich, in denen die Christenheit versagt hat. Im Folgenden will ich dieser Frage noch etwas genauer nachgehen. Wenn ich dabei bewusst eine kritische Sichtweise einnehme, so kann es mir dabei aber nicht darum gehen, die Christen früherer Jahrhunderte und ihr Verhalten zu verurteilen.[56] Das steht uns heutigen Christen gar nicht zu. Es kann uns nur darum gehen zu versuchen, aus ihren Wegen und Entscheidungen etwas für unsere aktuelle Situation zu lernen – denn was heute geschieht, das haben *wir* zu verantworten.

4.1 Das Christentum zur Zeit Mohammeds

Mohammed (570–632) war ein Suchender. Der Götzendienst in seiner Heimatstadt Mekka befriedigte ihn nicht. Als weit gereister Kaufmann war er auch Juden und Christen begegnet, und ihr Gottesglaube imponierte ihm. Seine eigenen religiösen Vorstellungen wurden sogar stark von jüdischem und christlichem Gedankengut geprägt. Wie konnte es aber dazu kommen, dass er trotzdem eine eigenständige Religion begründete und das Christentum letztlich ablehnte? Spielte hier möglicherweise das Versagen der Christen eine Rolle?

Die Zersplitterung der Christenheit

Die Christenheit zur Zeit Mohammeds war zerstritten. Mancherlei Machtfragen und unterschiedliche theologische Auffassungen hatten in den zurückliegenden Jahrhunderten die Kirche gespaltet.[57] Zwar gab es auch Vermittlungsversuche und Zeiten der Annäherung zwischen den verschiedenen Kirchen, meistens scheiterten solche Bemühungen jedoch an den unterschiedlichen theologischen, kirchenpolitischen und nationalen Interessen.

Auch in Arabien waren ganz unterschiedliche christliche Denominationen und Sekten vertreten.[58] Mohammed erlebte deshalb das Christentum nicht als einheitliche Religion, sondern als ein Durcheinander von miteinander zerstrittenen Konfessionen und Sekten. So werden die Christen im Koran unter anderem bezeichnet als die, «die ihren Glauben spalteten und in Sekten zerfielen, von denen sich jede Partei ihrer eigenen Meinung erfreut» (Sure 30,32).[59]

Weil die Beziehung der verschiedenen christlichen Gemeinschaften oft von gegenseitigem Hass geprägt war, war es für die islamischen Heere später einfach, sie gegeneinander auszuspielen. So ergriffen die von der byzantinischen Reichskirche unterdrückten Kopten und Jakobiten zum größten Teil offen für die Araber und gegen die Byzantiner Partei. Die Schlussfolgerung, die Eberhard Troeger aus diesen Tatsachen zieht, sollte uns aufhorchen lassen: «Wären sich die Christen und ihre Führer einig gewesen, hätten weder Araber noch Türken die christlichen Länder erobern, geschweige denn dauerhaft regieren können.»[60]

Der Missbrauch der Macht

Nachdem die frühe Kirche in den ersten drei Jahrhunderten ihres Bestehens vielfach verfolgt wurde, wurde sie unter Kaiser Konstantin im Jahre 313 durch das Mailänder Religionsedikt zur erlaubten Religion im Römischen Reich.[61] Nur wenige Jahrzehnte später, im Jahre 380, erklärte Kaiser Theodosius das Christentum im Edikt von Thessalonich schließlich zur Staatsreligion. Nun galt das Motto: «*Ein* Reich, *ein* Glaube, *eine* Kirche, *ein* Kaiser.»[62] Damit war die Religionsfreiheit de facto aufgehoben. Wer als Bürger des oströmischen Reiches nicht Mitglied der byzantinischen Kirche war, musste mit Verfolgung rechnen. Innerhalb weniger Jahrzehnte wurde so aus einer verfolgten Kirche eine Kirche, die selbst verfolgte und sich dafür des staatlichen Machtapparates bediente.

Diese Verfolgung betraf aber nicht nur die Anhänger anderer Religionen, sondern auch die Mitglieder von verschiedenen christlichen Konfessionen (besonders die Kopten und die Jakobiten). Eberhard Troeger weist in diesem Zusammenhang auf eine Tatsache hin, die beschämend ist: «Es ist zuzugeben, daß die byzantinische Verfolgung teilweise härter war als die muslimische.»[63] So ist es nicht verwunderlich, dass manche Christen die islamischen Heere zunächst als Befreier ansahen, die sie vom Joch der Byzantiner erlösten.

Das Versagen der Mission

Die verschiedenen Kirchen (vor allem die byzantinische, nestorianische und äthiopische Kirche) konnten in ihren Einflussbereichen in Arabien bis zum 6. Jahrhundert nach Christus durchaus Anhänger für das Christentum gewinnen. Die meisten Christen lebten zu der Zeit aber am Rande der arabischen Halbinsel und nicht im Gebiet von Mekka und Medina, in dem Mohammed zu Hause war.

Am ehesten scheint Mohammed Anhängern der nestorianischen Kirche begegnet zu sein. Jürgen Kuberski sieht dies auch darin bestätigt, «daß sich zwischen den Lehren des Islam und denen des Nestorianismus große Parallelen finden lassen».[64] Es gibt sogar Überlieferungen, wonach Mohammed die Predigt eines nestorianischen Predigers gehört haben soll. In der Wiedergabe der Predigt durch Mohammed fällt allerdings auf, dass Jesus Christus und der Weg der Erlösung nicht einmal andeutungsweise erwähnt werden.[65]

Das sollte uns aber nicht verwundern, denn die Araber lernten hauptsächlich die religiöse Praxis des Christentums kennen, die vornehmlich aus Beten, Fasten oder Pilgerreisen bestand. Es waren vor allem die in der Abgeschiedenheit der Wüste lebenden christlichen Mönche, die das Bild der Araber vom Christentum geprägt haben.[66] Religiöse Praktiken hatte später auch der Islam zu bieten.

Darüber hinaus hatte er aber noch etwas anderes, was das Christentum seinen Anhängern bisher nicht geboten hatte: Der Islam war eine arabische Religion. Bei seinem Aufkommen gab es deshalb kaum Widerstände, und zahlreiche arabische Christen wandten sich ohne langes Zögern der neuen Religion zu. Und zum Teil waren es gerade die ehemals «christlichen» Araber, die später die besten Muslime wurden.[67]

Wie konnte es überhaupt dazu kommen? Obwohl von verschiedenen christlichen Glaubensrichtungen Einfluss auf Arabien ausging, haben es diese Gemeinschaften nicht fertig gebracht, eine wirklich funktionierende arabische Kirche zu gründen, die ihre eigene arabische Sprache benutzte.[68] Eine Ursache dafür lag darin, dass es keine arabische Übersetzung der Bibel gab. Samuel Zwemer unterstreicht die Bedeutung dieser Tatsache mit den Worten: «Es ist die Tragödie der Geschichte des ganzen Nahen Ostens, daß keine Übersetzung des Neuen Testamentes, soweit wir wissen, in Arabisch existierte, und daß so Arabien die Wiege des Islams wurde, *weil es keine Bibel hatte.*»[69]

Das Versagen der Theologie

Ein wesentliches Versagen der Mission lag also darin begründet, dass sie nur ein oberflächliches Wissen über den christlichen Glauben nach Arabien brachte und somit kein wirkliches Fundament für die christliche Lehre legte. So fanden Irrlehren einen geeigneten Nährboden, und Arabien wurde zu einer «Schmiede der Sekten».[70] Auch Mohammed lernte ein sektiererisches Christentum voller Irrlehren kennen. Das wird auch im Koran deutlich, der durchaus als «Spiegel christlicher Lehre zu Muhammads Lebzeiten»[71] angesehen werden kann.

Ein Beispiel mag das verdeutlichen: Mohammed lehnte die Lehre von der Dreieinigkeit Gottes ab. Er ging aber davon aus, die christliche Dreieinigkeit bestünde aus Gott, dem Vater, Jesus, dem Sohn, und Maria, der Mutter.[72] Diese irrige Auffassung lässt sich wohl daher erklären, dass es in Mohammeds Umfeld christliche Gruppen gab, die Maria auf sehr übertriebene Weise verehrten.[73]

Im Gegensatz dazu kommen die entscheidenden Lehren des Neuen Testaments im Koran überhaupt nicht vor. Wahrscheinlich hat Mohammed sie gar nicht gekannt.[74] Die Unkenntnis Mohammeds über die wahre christliche Lehre steht also wohl in einem direkten Zusammenhang mit der Unkenntnis der Christen in Arabien. Dieses Versagen in der Lehre erscheint umso dramatischer, als man doch von Seiten der verschiedenen Kirchen zur damaligen Zeit offiziell – zumindest auf den Konzilien – sehr großen Wert darauf legte, dass überall die rechte Lehre vertreten wurde.

Christine Schirrmacher meint deshalb völlig zu Recht, dass es nur «als ein tragisches Versagen der christlichen Kirche der ersten nachchristlichen Jahrhunderte gewertet werden» kann, «daß die Mission in den zu Palästina eigentlich noch benachbarten Bereichen die christliche Lehre nicht unverfälscht hineingetragen» habe.[75]

> «Trotz der zahlenmäßig teilweise starken christlichen Präsenz in Arabien kann man davon ausgehen, daß Muhammad echtes, auf der Bibel gegründetes Christentum niemals kennengelernt hat.» *Christine Schirrmacher*[76]

Das Versagen im Umgang mit dem Judentum

Schon lange vor dem Aufkommen des Islam breitete sich in der frühen Kirche vielerorts eine Feindschaft gegen die Juden aus. Man hat den Antisemitismus sogar als «den Schandfleck, der auf der Geschichte des Christentums seit dem 2. Jahrhundert liegt», bezeichnet.[77]

Ein interessanter Faktor für die Entwicklung der religiösen Geschichte des Vorderen Orients ist dabei, dass die byzantinische Reichskirche rechtgläubige Judenchristen dazu zwang, sich ihr anzuschließen. Eine eigenständige judenchristliche Kirche wurde von ihr nicht mehr zugelassen.[78] Die Judenchristen, die an ihrer jüdischen Identität festhalten wollten, schlossen sich deshalb schließlich den häretischen judenchristlichen Gruppen an, den so genannten «Ebioniten».[79]

Weil diese Gruppen die Verfolgung der byzantinischen Kirche zu fürchten hatten, zogen sie sich weitgehend an den Rand der arabischen Wüste zurück. Aus diesem Grund war das Christentum hier ursprünglich stark judenchristlich-häretisch geprägt.[80]

Einige Forscher haben nun versucht, auf eine enge Verbindung zwischen dem Islam und ebendiesen ebionitischen Gruppen hinzuweisen. So vertritt beispielsweise Rainer Riesner die Auffassung: «Im Koran hat eine judenchristliche Häresie weltweite Geltung erhalten. Daß Jesus ein Prophet ist, aber nicht der Sohn Gottes, daß er zwar zum Himmel gefahren ist, aber vorher nicht gekreuzigt wurde, das hat Muhammad alles von diesen ebionitischen Judenchristen.»[81]

Eine ähnliche These hat auch schon Adolf Schlatter in seinem 1929 erschienen Aufsatz «Die Entwicklung des jüdischen Christentums zum Islam» vertreten.[82]

Noch weiter gehen die Thesen des Islamwissenschaftlers Günter Lüling. Er ist beispielsweise der Ansicht, dass ein großer Teil des Korans aus vorislamischen ebionitischen Hymnen besteht, die allerdings im Laufe der Zeit eine deutliche Bearbeitung und Abänderung (zum Teil sogar ins Gegenteil ihres ursprünglichen Sinns) erfahren haben.

An dieser Stelle möchte ich jedoch darauf hinweisen, dass diese Gedanken und Vermutungen mit Vorsicht zu behandeln sind. Die Thesen Lülings werden beispielsweise von der heutigen Islamwissenschaft weithin abgelehnt.[83]

Über den Zustand der Christenheit zur Zeit Mohammeds kommt Jürgen Kuberski in seiner Studie *Mohammed und das Christentum*[84] zu dem Ergebnis: «... dass Mohammed ein ehrlich suchender Mensch war, der für sich und sein Volk die wahre Religion suchte. Diese konnte er aber nicht finden, weil er über das Christentum und die Bibel nur sehr mangelhaft informiert war und zudem die Christen in einander widersprechende Glaubensrichtungen zerstritten waren, was seine Suche sehr erschwerte.» Mohammed habe das, was er als Christentum kennen lernte, abgelehnt: «Angesichts des Zustands der Christen zu jener Zeit war diese Ablehnung auch wenig verwunderlich.»[85]

Es kann uns aber hier nicht darum gehen, Mohammed von der Verantwortung für seinen eigenen religiösen Weg und damit für die Gründung des Islam freizusprechen. Er ist für sein Leben und Tun ebenso verantwortlich, wie auch wir für unser Leben verantwortlich sind. Aber aus den bislang geschilderten historischen Fakten geht doch eindeutig hervor, dass die Christenheit – was die Entstehung des Islam angeht – eine große Schuld trifft: Es war ihr eigenes Versagen, das dem Islam den Weg geebnet hat.[86]

Was wäre geschehen, wenn es eine starke eigenständige und theologisch verwurzelte arabische Kirche gegeben hätte, die Mohammed aus eigenem Erleben gekannt hätte? Was wäre geschehen, wenn sich die Christen damals einig gewesen wären? Auch wenn es sich hier letztlich nur um Spekulationen handeln kann: Die religiöse Geschichte des Vorderen Orients wäre wohl ganz anders verlaufen, «da die Araber bereits im Christentum das gefunden hätten, was sie am Islam faszinierte».[87]

4.2 Das Christentum im Lauf der Geschichte

Wie das Christentum aussah, dem der Islam im Verlauf seiner Entwicklung begegnete, ist die nächste

Frage. Darauf eine umfassende Antwort zu geben, ist so gut wie unmöglich. Immerhin geht es dabei um eine Zeitspanne von rund 1400 Jahren. Es soll deshalb hier lediglich – anhand weniger Beispiele – ein Blick auf die kritischen Punkte geworfen werden, die bereits bei der Entstehung des Islam eine Rolle gespielt haben.

An der *Zersplitterung und Zerstrittenheit der christlichen Kirche* hat sich im Laufe ihrer Geschichte nicht viel geändert. Im Jahre 1054 kam es zu der großen Trennung zwischen der Ost- und der Westkirche. Trotz einiger Versuche, die getrennte Kirche wieder zu vereinigen, blieb man sich im Grunde innerlich fremd. Ein Ereignis mag die ganze Tragik dieser Tatsache unterstreichen: Um ein Zeichen der Verständigung zwischen Ost- und Westkirche zu setzen, las der römische Kardinallegat Isidor im Dezember 1452 in der Hagia Sophia in Konstantinopel die Messe. Doch das Volk lehnte diese Geste der Versöhnung ab und antwortete mit dem Ruf: «Lieber Mohammeds Turban im Heiligtume als den Kardinalshut!» Nur fünf Monate später, im Mai 1453, war aus diesen Worten Wirklichkeit geworden: Konstantinopel war in die Hände der Muslime gefallen, und der siegreiche Sultan, Mohammed II., verrichtete in der Hagia Sophia sein Gebet zu Allah.[88]

Später sind in den islamischen Ländern infolge der Missionstätigkeit aus dem Westen neben den bereits bestehenden Kirchen weitere neue entstanden. So gibt es heute im Orient neben den alten orientalischen Kirchen auch jüngere orientalische Kirchen mit katholischer oder protestantischer Prägung. Auch wenn es einige der Sekten, die es zur Zeit Mohammeds gab, nicht mehr gibt, so ist das Bild, das das Christentum in den Augen der Muslime bis heute abgibt, nach wie vor sehr uneinheitlich.

Was den *Missbrauch der Macht* angeht, so zeigt sich das Versagen der Christenheit am deutlichsten in den Kreuzzügen. Unter dem Zeichen des Kreuzes zogen Christen in einen «heiligen Krieg» gegen die muslimischen Mächte im «Land der Bibel». Das Christentum muss also von den Muslimen der damaligen Zeit durchaus als eine Religion verstanden worden sein, die bereit war, ihre Ziele mit militärischen Mitteln zu verfolgen.

Dabei ist es wiederum interessant zu beobachten, dass sich die Kreuzfahrer nicht nur gegen Muslime wandten: Ein Motiv war für sie auch der Gedanke, durch die Kreuzzüge die Kirchen des Ostens für das römisch-katholische Papsttum zurückzugewinnen. So galt die Gewalt der Kreuzfahrer auf dem Weg ins Heilige Land «gleichermaßen ... Juden, Moslems und Christen der Ostkirche».[89]

Auch das *Versagen der Mission* hat in der Geschichte der Kirche seine Fortsetzung gefunden. Selbst als der Auftrag der Weltmission in den Kirchen der Reformation neu entdeckt wurde, wurde der Islam in der Missionsarbeit lange vernachlässigt. Mit dem Evangelium wollte man zwar die heidnischen Völker erreichen, hielt die Mission unter Muslimen aber für nicht möglich oder nicht zeitgemäß.[90] Und auch als

Missionen sich schließlich dazu entschlossen hatten, gezielt im Orient zu arbeiten, konzentrierte man sich dabei oft zunächst auf die christlichen Minderheiten im Orient, da diese Arbeit leichter erschien. In den letzten Jahrzehnten ist hier allerdings – Gott sei Dank! – einiges in Bewegung gekommen, und die islamischen Länder sind ganz neu ins Blickfeld der Gemeinde Jesu getreten. Aber bis heute ist der Anteil der Christen, die sich missionarisch den Muslimen widmen, relativ gering geblieben. Zudem werden die besonderen Möglichkeiten, die wir heute in unseren eigenen westlichen Ländern haben, um Muslimen die Liebe Gottes zu vermitteln, nur sehr unzureichend genutzt.

> «Würde eine Umfrage unter den praktizierenden Christen Deutschlands angestellt werden mit dem Ziel, zu erfahren, wieviel Prozent je eine intensive diakonische oder missionarische Begegnung mit einem der ca. 2 Millionen muslimischer Neu- oder Gastbürger gehabt haben, so wäre das Ergebnis wahrscheinlich ernüchternd. Vermutlich leben viele ausländische Muslime seit langem in Deutschland, ohne je einem überzeugten und entsprechend handelnden Christen begegnet zu sein.» *Eberhard Troeger*[91]

Was das *Versagen der Theologie* angeht, so wird in der Geschichte deutlich, wie sich bestimmte theologische Fehlentwicklungen auch im Umgang mit dem Islam rächen können. Schon zu Zeiten Mohammeds glaubten muslimische Gelehrte, Christen hätten die ursprüngliche Version der Bibel – die gut und mit dem Koran übereinstimmend gewesen sei – in späterer Zeit verfälscht. Dieser Vorwurf wurde jedoch nicht weiter konkretisiert und spielte deshalb im Islam auch keine größere Rolle.

«Erst von den muslimischen Theologen des 19. Jahrhunderts ist dieser Vorwurf systematisch erhärtet und formuliert worden, und zwar vor allem mit Hilfe der Werke der europäischen historisch-kritisch arbeitenden christlichen Theologen, die mit ihren Untersuchungen gewissermaßen als Fachleute den ‹Beweis› angetreten haben, daß das Christentum unglaubwürdig und unhaltbar, weil historisch unzuverlässig und verfälscht ist.»[92] Etliche bibelkritische Werke westlicher Theologen wurden im Nahen Osten sogar übersetzt und werden heute von muslimischen Gelehrten als Argumente gegen das Christentum ins Feld geführt.[93]

Auch das *Versagen im Umgang mit dem Judentum* kam in der Geschichte der Kirche über mehrere Jahrhunderte immer wieder vor. Ein trauriger Höhepunkt war die Verfolgung der spanischen Juden durch die Inquisition[94] und ihre Vertreibung aus Spanien im Jahre 1492. Wer nicht bereit war, zum Christentum überzutreten, wurde entweder hingerichtet oder musste fliehen. Es ist äußerst beschämend für die Christenheit, dass die vertriebenen Juden ausgerechnet in den islamischen Ländern Zuflucht fanden.

Schon diese wenigen Beispiele zeigen, dass die «christlich-islamische Geschichte» wiederholt auch durch das vielfache Versagen des Christentums geprägt wurde.

> «Es ist nicht die Schuld des Islam, sondern der Kirche, daß die christliche Botschaft zu Mohammed und zu seinem Volk nicht in ihrer ursprünglichen Reinheit, sondern teils in häretischer oder apokrypher Verzerrung, teils in der dogmatischen und kultischen Entartung der Großkirche gekommen ist. Es gibt ja kaum einen ‹antichristlichen› Satz Mohammeds, für den sich nicht irgendeine Randgestalt der christlichen Kirche als mögliche Quelle nachweisen ließe. Ja, die unheilvolle Zerrissenheit der Kirche mußte in ihm den Eindruck erwecken, sie besitze überhaupt keine eindeutige und einheitliche Botschaft. Das alles gilt übrigens nicht nur für die alte orientalische Kirche, sondern ... auch für die heutige Christenheit ...» *Emanuel Kellerhals*[95]

4.3 Das Christentum heute – aus muslimischer Sicht

Lassen Sie mich nun einen Blick in die Gegenwart werfen. Wie stellt sich die Christenheit heute dem Islam dar? Für eine selbstkritische Betrachtung dieser Frage kann es hilfreich sein, das Christentum einmal aus der Perspektive der Muslime zu sehen. Sicherlich werden wir dabei hier und da unseren

Widerspruch anmelden wollen – manchmal wohl zu Recht. Aber lassen wir uns doch die muslimische Sichtweise als kritischen Spiegel zuerst einmal gefallen, um darin zu entdecken, wo wir selbst gefordert sind, Zeichen echten Christseins zu setzen.

Das Bild der Muslime vom Christentum ist stark in der Geschichte verwurzelt. So ist beispielsweise das Versagen der Christen zur Zeit der Kreuzzüge im Bewusstsein der Muslime noch sehr gegenwärtig.[96] Dabei sehen sie oft einen gewissen inneren Zusammenhang zwischen den Kreuzzügen, dem westlichen Kolonialismus und der christlichen Missionsarbeit – die nach Meinung vieler Muslime letztlich ein gemeinsames Ziel verfolgten: die Zerstörung der islamischen Religion und Kultur. An deren Stelle wolle man heute stattdessen die westliche Lebensweise setzen.[97]

Das westliche – insbesondere das amerikanische – Selbstverständnis, die einzig wahre (nämlich die westlich-freiheitlich-demokratische) Lebensweise zu vertreten, und das Bemühen, dieser Lebensweise weltweit zum Durchbruch zu verhelfen, betrachten Muslime mit großem Argwohn. Obwohl viele Muslime von manchen Errungenschaften des Westens durchaus fasziniert sind, wird die westliche Lebensweise im Islam jedoch auf keinen Fall als überlegen angesehen – ganz im Gegenteil![98]

Nassim Ben Iman, ein ehemaliger Muslim, der heute Christ ist, vertritt dazu die Auffassung: «Die Gründe hierfür sind nicht von der Hand zu weisen und nachvollziehbar. Man muss sich nur vor Augen halten, dass übermäßiger Alkoholkonsum, Drogenmissbrauch, freizügige Bekleidung und Promiskuität in der deutschen Öffentlichkeit ... weit verbreitet sind ... Auch die Gefühlskälte im Miteinander, die Zersplitterung der Familien, die steigende Zahl der Singlehaushalte, Altersheime und Vereinsamung sowie der fehlende Respekt gegenüber den Eltern und Alten tragen das ihre zur ablehnenden Haltung vieler Moslems bei.»[99]

Auf eine ähnliche Kritik von Muslimen an der westlichen Welt weisen die Ergebnisse einer Umfrage hin, die von Dezember 2001 bis Februar 2002 durch das renommierte Gallup-Institut unter mehr als zehntausend Personen in verschiedenen islamischen Ländern durchgeführt wurde. In der Auswertung dieser Studie werden die einzelnen Kritikpunkte folgendermaßen zusammengefasst: «... der unmoralische Lebensstil, die Schwächung der Familienstrukturen, Verschlechterung der sozialen Umgangsformen und Verlust des Respekts älteren Leuten gegenüber in den westlichen Nationen».[100]

All das wird von Muslimen wahrgenommen, und sie ziehen ihre Schlüsse daraus: Für sie ist die westliche Gesellschaft eine antigöttliche Gesellschaft.[101] Nach ihrem Verständnis ist Religion nicht nur reine Herzenssache. Sie ist vielmehr eine Art, das gesamte Leben und die ganze Gesellschaft zu gestalten. Deshalb stellen sie unweigerlich eine Verbindung zwischen dieser westlichen Lebensweise und dem christlichen Glauben her.

Muslime könnten diesen Zusammenhang auf zwei unterschiedliche Weisen interpretieren: Entweder sie setzen naiv das, was sie an Gottlosigkeit im «christlichen Abendland» sehen, mit dem Christentum selbst gleich. Dann wird der christliche Glaube für sie zu einer offenkundigen Gotteslästerung. Es kommt aber auch vor, dass sie das «christliche Abendland» differenzierter betrachten und unterscheiden zwischen den Christen und der Gesellschaft als Ganzes. Aber auch das mildert ihr Urteil über das Christentum kaum: Denn der Zerfall der Gesellschaft ist für sie ein untrügliches Zeichen dafür, dass das Christentum keine Religion ist, die die Welt wirklich noch zum Guten verändern kann. Nach muslimischem Verständnis genügt es damit nicht den Vorstellungen von der Religion als lebens- und gesellschaftsprägender Kraft.

Doch die muslimische Kritik geht sogar noch einen Schritt weiter. Nicht nur habe die Kirche keinerlei gesellschaftsprägende Kraft mehr, sondern es trete heutzutage sogar das Gegenteil ein. Die Kirche selbst sinke auf das Niveau der gottlosen Gesellschaft ab: «Statt den Menschen zu sich emporzuheben ... ging sie (die Kirche) zu ihnen herunter ... um den ‹Leidenschaften und Wünschen der Menschen› zu schmeicheln.» Die Kirche hat somit keinerlei innere Substanz mehr, sie ist «nur noch ein Körper ohne Seele».[102]

Aufgrund dieser Entwicklungen kommt Sayyid Qutb, einer der «Chefideologen» der fundamentalistischen Moslembruderschaft, der selbst zwei Jahre in Amerika gelebt hat, zu dem Schluss: «Das Christentum hat bereits seine Rolle gespielt und ist nicht mehr ein positiver Faktor in der Realität der Menschheit, denn die Massen führen die Kirche, und sie folgt ihnen permanent ohne Gewissensbisse und ohne Verteidigung ihrer heiligsten Heiligtümer und ihrer nobelsten Ziele.» Da aber die Welt nicht auf eine positive Glaubenslehre verzichten könne, die die Welt von Gott her präge, könne es, so Sayyid Qutb, nur eine Konsequenz geben: «Der Islam muß regieren, denn er ist die einzige positive und kreative Glaubenslehre ...»[103]

Aus islamischer Sicht ist demnach die Lebensweise in unseren westlichen Gesellschaften ein eindeutiges Argument *gegen* den christlichen Glauben und *für* den Islam.

> «Im westlich-christlichen Bereich geht man in die Kirche, hört dem Prediger zu und lauscht den Liedern; das Herz sammelt sich bei der Predigt, der Musik, den andächtigen Liedern ... Aber wenn man die Kirche verläßt, findet man ein anderes Gesetz vor, das die Gesellschaft regiert, eine Gesellschaft, die dann mit dem Geist des Christentums keine Verbindung hat.» *Sayyid Qutb*[104]

4.4 Das Wesen des Islam: Ein Spiegel christlicher Fehler?

Wenn wir uns auf die Suche nach möglichen Fehlern des Christentums gegenüber dem Islam machen, so müssen wir eine weitere Spur verfolgen: Schon die Reformatoren waren der Überzeugung, dass man in einzelnen Wesensmerkmalen des Islam christliche

Defizite wie in einem vorgehaltenen Spiegel wiedererkennen könne. Emanuel Kellerhals hat in seiner 1943 erschienenen Schrift «Der Islam, die Versuchung der Kirche» den Zusammenhang zwischen Fehlern der Christenheit und dem Wesen des Islam untersucht.[105] Er nennt darin drei entscheidende Wesensmerkmale des Islam, die zugleich Gefahrenpunkte für die christliche Kirche darstellen:

Der Einsatz von Machtmitteln für den Glauben

Als ersten Bereich nennt Kellerhals die Verbindung von Glauben und Macht im Islam: «Das ist ja eben das Wesen des Islam, daß er die Ausbreitung des Glaubens und den Kampf gegen die Ungläubigen mit dem Schwert nicht nur erlaubt, sondern befiehlt. Islam heißt: Bündnis, ja Vermählung zwischen Glauben und Macht.»[106] Wie schon aufgezeigt wurde, gab es auch in der Geschichte des Christentums verhängnisvolle Bündnisse zwischen Glauben und Macht.[107] Dabei hat uns Jesus doch genau das Gegenteil vorgelebt: Obwohl er sich als Messias seines Volkes und damit auch als Herr über die Völker verstand, vor dem einmal alle auf die Knie fallen müssen (Philipper 2,9–11), verzichtete er (noch) auf die Durchsetzung seiner Herrschaft mit Machtmitteln und wählte stattdessen den Weg des Leidens. In gleicher Weise sandte er seine Jünger in alle Welt: «Ich schicke euch wie Schafe mitten unter die Wölfe» (Matthäus 10,16).

Aber auch das islamische Verständnis von der Herrschaft Gottes enthält einen Funken Wahrheit.

Denn tatsächlich beansprucht Gott, nicht nur Herr über unser Innenleben zu sein, sondern über unser gesamtes Leben mit allen seinen Bezügen. Gott will auch in unserem Verhalten im täglichen Miteinander sichtbar Gestalt gewinnen. Und er will in unseren sozialen, politischen und wirtschaftlichen Belangen das Sagen haben. Hier muss sich die Christenheit die Frage gefallen lassen, ob sie diesen Aspekt des Christseins genug beachtet hat.

Die Verabsolutierung menschlicher Logik

Emanuel Kellerhals bezeichnet den Islam als eine «Religion ohne Rätsel», die für sich in Anspruch nehme, rational völlig logisch und nachvollziehbar zu sein. Muslime argumentieren zum Beispiel bei ihrer Ablehnung der Lehre der Dreieinigkeit gelegentlich damit, dass diese Lehre für den menschlichen Verstand nicht wirklich logisch nachvollziehbar sei. Sie vertreten also die Auffassung, dass eine Glaubenslehre, die für sich in Anspruch nimmt, wahr zu sein, auch für die menschliche Logik völlig einsichtig sein muss. (Wobei es natürlich sehr von der Prägung des Einzelnen abhängt, welche Glaubenslehren er als vernünftig und nachvollziehbar einstuft und welche nicht. Eine völlig rationale Objektivität ist hier sicherlich kaum möglich!)

Und welchen Stellenwert nimmt nun die menschliche Logik im Christentum ein? Auch als Christen bemühen wir uns, Glaubensinhalte in ihrer Schlüssigkeit, Folgerichtigkeit und Planmäßigkeit zu durchdenken und sie dementsprechend darzustellen. Die

Theologie ist in dieser Hinsicht eine legitime und auch notwendige Möglichkeit, Gott mit der Gabe unseres Verstandes zu dienen. Andererseits müssen wir auch die Grenzen anerkennen, die unserem menschlichen Verstand gesetzt sind: Wir können nicht erwarten, dass wir als begrenzte Geschöpfe Gottes – die mit ihrem Verstand nicht einmal alle Geheimnisse der Schöpfung bis ins Letzte ausloten können – den Schöpfer selbst in allem verstehen können. Durch die ganze Bibel zieht sich «das ehrfurchtsvolle Wissen darum, daß wir Gottes Wesen und Handeln nie ganz ergründen können und daß Gottes Wort nie bequem aufgeht wie eine Rechenaufgabe.»[108]

Deshalb muss auch die christliche Theologie der Gefahr widerstehen, den begrenzten menschlichen Verstand zum Maß aller Dinge zu machen.

Die Christenheit erlag dieser Gefahr der Verabsolutierung menschlicher Logik gelegentlich selbst in der Missionsarbeit unter Muslimen. So ist es zwar wichtig, dass wir Muslimen gegenüber unseren Glauben begründen und versuchen, unnötige verstandesmäßige Hindernisse aus dem Weg zu räumen. Letztendlich dürfen wir aber unsere Hoffnung in der Mission nicht auf die Überzeugungskraft logischer Argumente setzen, sondern sollten auf das offenbarende Wirken des Heiligen Geistes vertrauen.

Die gesetzliche Frömmigkeit

Für uns Christen ist es durchaus eindrucksvoll, welche Forderungen der Islam an seine Anhänger stellt:

Die strenge Befolgung der «fünf Säulen des Islam» (das Glaubensbekenntnis, das täglich fünfmalige Gebet, das Fasten im Ramadan, die Gabe von Almosen sowie die Wallfahrt nach Mekka) ist ohne ein gewisses Maß an Hingabe und Opferbereitschaft kaum möglich. Bei aller Anerkennung dieser Opferbereitschaft müssen wir aber doch erkennen, dass die Befolgung fester religiöser Regeln eigentlich genau dem Bedürfnis des natürlichen Menschen entgegenkommt. Emanuel Kellerhals schreibt dazu: «Es ist, wie wenn Mohammed gewußt hätte, daß der Mensch ein natürliches Bedürfnis hat, eine religiöse Leistung zu vollbringen, seine Religiosität in bestimmten sichtbaren Opfern an Zeit und Kraft und Besitz zu vergegenständlichen, damit sie vor ihm selber, vor der Welt und natürlich nicht zuletzt auch vor Gott offenbar sei.»[109]

Schon Martin Luther sah in diesem Wesenszug des Islam eine Widerspiegelung der Werkgerechtigkeit, die er an der römischen Kirche so verabscheute und bekämpfte.[110] Auch die Christenheit – nicht nur die römisch-katholische – stand immer wieder in dieser Versuchung des natürlichen Menschen, selbst eine religiöse Leistung erbringen zu wollen, die er bei Gott vorweisen kann. Dem steht jedoch die biblische – und von der Reformation wieder freigelegte – Lehre von der Rechtfertigung des Sünders aus Gnade durch den Glauben (und nicht durch Werke des Gesetzes) gegenüber.

Aber wir finden auch in der islamischen Frömmigkeitsübung einen Kern biblischer Wahrheit, den wir als Gemeinde Jesu nicht vernachlässigen sollten.[111]

Sehen wir uns das Leben von Jesus und das der Apostel einmal genauer an, so finden wir darin eine durchaus positive Wertschätzung, ja sogar eine Forderung nach der Ausübung unserer Frömmigkeit. So spricht Jesus zum Beispiel in der Bergpredigt (Matthäus 5–7) vom Fasten, Beten und Almosengeben. Deutlich wird hier jedoch auch, dass es Jesus äußerst wichtig war, wie – und aus welcher Motivation heraus – die Frömmigkeit ausgeübt wird. Wesentlich ist dabei, dass es nicht allein um eine Ausführung bestimmter äußerer Handlungen geht, mit denen wir uns vor Gott oder anderen Menschen Ansehen erheischen wollen. Vielmehr geht es der Bibel um eine Frömmigkeit, die von innen kommt und «in Christus» geschieht. Auch hier haben wir uns heute als Christenheit zu fragen, inwieweit wir die regelmäßige und disziplinierte Übung unserer Frömmigkeit nicht viel zu sehr vernachlässigt haben.

Neben den hier genannten drei Wesenselementen des Islam (Machtmissbrauch, Verabsolutierung der Logik, gesetzliche Frömmigkeit), die Kellerhals als «Versuchungen der Kirche» aufzählt, könnten sicherlich noch weitere Bereiche aufgedeckt werden, in denen der Islam gleichsam als Spiegel für christliche Defizite dienen könnte. So weisen einige entscheidende Kernpunkte der islamischen Lehre auch auf Gefahren für uns Christen hin: Laufen nicht auch wir Christen Gefahr, die biblische Botschaft von der Radikalität der Sünde und der Verlorenheit des Menschen ohne Gott abzuschwächen? Und gleichzeitig gar die menschliche Sünde zu einer menschlichen Schwäche umzudefinieren? Oder sind nicht auch wir Christen versucht, die teure Gnade Gottes – für die er seinen eigenen Sohn geopfert hat – als billige Großzügigkeit zu entwerten? Eine Duldsamkeit, bei der Gott eben einfach mal ein Auge zudrückt ...

Auch an solchen Punkten ließe sich zeigen: Der Islam «ist eben nicht nur eine bestimmte Religion, sondern auch eine menschliche Neigung, der wir Christen immer wieder zu erliegen drohen».[112]

> «... die Versuchung, der Mohammed erlegen ist und die sein Beispiel der Kirche unaufhörlich vor Augen hält, ist keine andere als die des natürlichen Menschen, der auch in uns wahrhaftig stark und ungebrochen genug lebt. Der Islam ist die Religion des natürlichen Menschen, der Gott für seine Zwecke brauchen möchte, statt sich von Gott für Gottes Zwecke gebrauchen zu lassen. Dieser Versuchung ... von ganzem Herzen, von ganzer Seele, von ganzem Gemüte und aus allen unseren Kräften zu widerstehen ... dazu will das warnende Beispiel des Islam die Kirche immer wieder aufrufen.» *Emanuel Kellerhals*[113]

4.5 Die entscheidenden Problembereiche

Wir haben nun auf unserer Spurensuche bereits viele kritische Punkte entdeckt, an denen wir uns als Christen angesichts des Islam selbst zu hinterfragen haben. Ich möchte nun im Folgenden versuchen, diese Erkenntnisse auf den Punkt zu bringen. Für mich kristallisierten sich in der Beschäftigung mit dem Versagen der Christenheit die folgenden acht Problembereiche heraus:[114]

1. Die Gottesbeziehung selbst

Ein ganz grundsätzliches Problem besteht dort, wo die Christenheit ihr Christsein nicht wirklich von Gott und seinem Evangelium her und in Beziehung zu ihm lebt und sich daher von anderen Religionen kaum noch unterscheidet.

2. Die Frömmigkeit

Immer wieder kam es in der Christenheit zur Entwicklung einer rein äußerlichen Frömmigkeit. Auf der anderen Seite besteht die Gefahr, dass die Übung der Frömmigkeit grundsätzlich negativ beurteilt und deshalb vernachlässigt wird.

3. Der westliche Lebensstil

Das Leben in unserer westlichen Gesellschaft ist nur sehr wenig vom Evangelium geprägt, so dass die Bezeichnung «christliches Abendland» im Grunde irreführend ist. Auch wir Christen müssen uns fragen lassen, ob unser Lebensstil einfach nur «westlich» ist oder ob er in Tat und Wahrheit auch die Bezeichnung «christlich» (gemeint ist: den Maßstäben Christi entsprechend) verdient.

4. Die Theologie

In der Geschichte der Christenheit gab es eine Fülle von Fehlentwicklungen auf dem Gebiet der Theologie. Aber auch da, wo man in der Kirche großen Wert auf die «reine Lehre» legte, konnte es vorkommen, dass die Kenntnis der Christen über ihren Glauben nur sehr gering war.

5. Die Einheit der Christen

Die Geschichte der Christenheit ist geprägt von der Aufsplitterung in verschiedene Gruppen und Konfessionen. Dabei kam es oft so weit, dass sich unterschiedliche Konfessionen gegenseitig bekämpften und verfolgten.

6. Die gesellschaftliche Einflussnahme

Die Kirche ist des Öfteren der Versuchung erlegen, Machtmittel und Gewaltanwendung für ihre Ziele einzusetzen. Auf der anderen Seite besteht die Gefahr, dass die Gemeinde Jesu ihren Glauben auf die Privatsphäre beschränkt und die Gesellschaft nicht mehr so prägt, wie sie es sollte.

7. Der Umgang mit dem Judentum

Leider gibt es in der Kirchengeschichte eine lange Tradition der Ablehnung oder gar Feindseligkeit gegenüber dem Judentum.

8. Die Mission

War die frühe Kirche nur sehr oberflächlich in der Durchführung des Missionsauftrags gegenüber den Arabern, so versäumte die spätere Christenheit oft völlig, sich der missionarischen Herausforderung der islamischen Welt überhaupt zu widmen.

5 Umkehr – Der Weg der Verheißung

5.1 Der einzige Weg voran

Wir haben als Christen angesichts des Islam in mancherlei Hinsicht versagt. Was können wir in dieser Situation nun tun? So paradox es klingen mag: Das Einzige, was uns hier voranbringt, ist die Umkehr! Als Christen sollte uns das nicht erstaunen, denn «Umkehr» ist einer der Grundbegriffe unseres Glaubens.

Durch das ganze Alte Testament hindurch ist es die zentrale Botschaft der Propheten, dass sie das Volk Gottes auffordern, zu Gott und in den Bund mit ihm umzukehren. Ganz ähnlich ist es im Neuen Testament dann Johannes der Täufer, der mit den Worten auftritt: «Kehrt um zu Gott! Denn jetzt beginnt seine neue Welt» (Matthäus 3,2). Und mit genau den gleichen Worten beginnt Jesus selbst sein öffentliches Wirken – mit dem Ruf zur Umkehr (Matthäus 4,17). Denn Jesus sah es als Inbegriff seiner Berufung an, die Verlorenen zur Umkehr aufzurufen (Lukas 5,32).

Was aber bedeutet «Umkehr» eigentlich? Das griechische Wort *metanoein* bedeutete ursprünglich so viel wie «umdenken, sich anders besinnen». Zur Zeit des Neuen Testaments aber hatte das Wort *metanoein* bereits eine viel umfassendere Bedeutung, die man etwa mit «von Herzen umkehren» wiedergeben könnte. Der Bibel geht es also bei der Umkehr um viel mehr als nur darum, dass der Mensch sein Denken ändert. Gemeint ist damit eine Veränderung, die die gesamte Existenz und das ganze Leben eines Menschen betrifft – mit allem, was er ist und hat. Wer umkehrt, ändert seine Lebensausrichtung. Er lebt nicht weiter für sich allein, sondern richtet sein Leben auf Gott aus. Umkehr bedeutet also auch «sich Gott anzuvertrauen» und hat deshalb viel mit dem Begriff «Glauben» gemeinsam. So nennt Jesus in Markus 1,15 beides in einem Atemzug: «*Kehrt um* zu Gott, und *glaubt* an die rettende Botschaft!» (Hervorhebung durch den Autor.)

Ist dem Menschen eine solche Umkehr denn überhaupt möglich? Bringt er es wirklich fertig, sich völlig und tief greifend zu ändern? Aus eigener Kraft schafft es der Mensch nicht, denn er kann sein Herz und seinen Willen nicht grundlegend erneuern und sich nicht selbst von der Versklavung durch die Sünde befreien. Aber: «Die Umkehr wird möglich, weil in der Sendung und der Person Jesu, des Sohnes Gottes, in seinen Heilungen und Dämonenaustreibungen, seinem Wort der Versöhnung und Verpflichtung die Macht des Feindes gebrochen und die Herrschaft Gottes aufgerichtet wird».[115] Durch sein Leben, seinen stellvertretenden Tod am Kreuz und durch seine Auferstehung hat Jesus den Weg zum Vater im Himmel freigemacht. Er hat die Schuld gesühnt, die uns von Gott trennt. Wenn Jesus uns also zur Umkehr und zum Glauben auffordert, dann wird dieser Aufruf zu einer echten Einladung Gottes an uns, unser altes

Leben hinter uns zu lassen und ihm unser ganzes Dasein anzuvertrauen.

Weil nur durch Jesus eine umfassende Umkehr wirklich möglich geworden ist, findet sich bei ihm auch ein neues Element: die *Freude* der Umkehr. Wo Jesus uns dazu auffordert, unser Leben zu verändern, da sind seine Worte zugleich Evangelium, also «frohe Botschaft». Wir sind eingeladen, all unser Versagen vor Gott abzulegen, ihn um Vergebung zu bitten und unser ganzes Leben unter seine gute Herrschaft zu stellen. Und alles, was es dazu braucht, ist ein einfaches, aufrichtiges Gebet.

Umkehr ist einerseits eine einmalige und endgültige Entscheidung, in der sich der Mensch entschließt, sein ganzes Leben unter die Herrschaft Gottes zu stellen. Hat er diesen Schritt getan, gehört er ganz Gott und ist Mitglied in Gottes Familie (Johannes 1,12). Durch den Heiligen Geist wohnt Gott nun in seinem Leben und beginnt es nach seinen Vorstellungen zu verändern. In gewissem Sinne ist Umkehr andererseits aber auch immer wieder nötig, denn die einmal gefallene Grundentscheidung für ein Leben mit Gott muss tagtäglich in vielen Einzelentscheidungen in die Praxis umgesetzt werden (Römer 8,12–17).

Umkehr als Änderung der Lebensausrichtung bedeutet also bildlich gesprochen nicht nur, dass man sich umdreht. Umkehr beinhaltet auch, dass man selbst aktiv in die neue Richtung geht. Johannes der Täufer forderte seine Hörer ausdrücklich dazu auf: «Bringt rechtschaffene Früchte der Buße» (Lukas 3,8; Luther). Entscheidend sind also nicht die äußeren Umstände der Umkehr oder etwa die Frage, was wir dabei fühlen. Entscheidend ist vielmehr, dass tatsächlich ein Herrschaftswechsel stattfindet: ein Wechsel, der unser Leben in neue Bahnen lenkt, weil Gott die Herrschaft in unserem Leben übernimmt.

Ein eindrückliches Beispiel dafür ist der Zöllner Zachäus. Als er Jesus begegnet, verändert sich sein Leben radikal: «Herr, ich werde die Hälfte meines Vermögens an die Armen verteilen, und wem ich am Zoll zu viel abgenommen habe, dem gebe ich es vierfach zurück» (Lukas 19,8). Der Zöllner, der vorher darauf bedacht war, seinen Reichtum auf Kosten anderer zu vergrößern, verschenkt nun die Hälfte seines Besitzes. Und statt weiter zu betrügen, will er seinen Opfern den Schaden vierfach erstatten. Hier zeigt sich sehr deutlich, dass Umkehr keine Sache ist, die nur verborgen in unserem Kopf oder in unserem Herzen stattfindet, sondern eine, die sich ganz konkret und praktisch in unserem täglichen Leben auf alle Bereiche auswirkt.

Der einzige Weg voran ist nichts anderes als eine solch umfassende Umkehr in die Gemeinschaft mit Gott, bei der wir Gott die Herrschaft und Verfügungsgewalt über unser ganzes Leben anvertrauen. Nur so können wir als Christenheit der Herausforderung des Islam wirklich entgegentreten. Deshalb lautet die entscheidende Frage: Sind wir in diesem Sinne tatsächlich Christen? Sind wir wirklich Menschen der Umkehr, die ihr Leben ganz Gott anvertraut haben und nun unter seiner Herrschaft leben?

> «**Bekehrung ist eine ganzheitliche und grundsätzliche Umkehr eines Menschen zu einem Leben mit Gott** ... Bekehrung heißt: Der lebendige Gott, der Gott Israels und der Vater Jesu Christi, tritt in das Leben eines Menschen ein als eine dieses Leben umfassend verändernde Wirklichkeit. Dieser Mensch geht jetzt Wege, die er sonst, von sich aus, nicht gegangen wäre. Er tut Dinge, die er sonst, von sich aus, nicht getan hätte. Er wird grundsätzlich und täglich neu aus seinem Egoismus herausgenommen und mit seinem Leben auf Gottes Ziele, auf Gemeinschaft mit Gott und den Dienst am Mitmenschen hin ausgerichtet. Dabei aber kommt alles darauf an, daß diese Umkehr sich nicht nur in Gedanken vollzieht, sondern in der Tat.» *Helmut Burkhardt*[116]

5.2 Aspekte gelebter Umkehr

Am Beispiel des Zöllners Zachäus wurde deutlich, dass Umkehr etwas sehr Konkretes ist, das im Leben eines Menschen sichtbar wird. Zachäus gab seinem Leben eine neue Ausrichtung und setzte dabei gerade da Zeichen, wo er zuvor versagt hatte. Wenn wir es mit unserer Umkehr ernst meinen, dann sollten auch wir gerade in den Bereichen, in denen wir als Christen versagt haben, konkrete Schritte gelebter Umkehr gehen.

Adolf Schlatter wies zu Recht darauf hin: «Mit dem Christentum, das den Islam geschaffen hat, überwinden wir ihn nicht.»[117] Wollen wir als Christen also der islamischen Herausforderung wirksam begegnen, dann sollte es uns um die folgende Frage gehen: Wie sieht das Christsein aus, das den Islam geistlich überwindet und Muslimen hilft, den Widerstand gegen das Christentum zu überwinden und sich für die Botschaft des Evangeliums zu öffnen?

Hier ist nicht der Raum für eine wirklich erschöpfende Antwort auf diese Frage. Ich beschränke mich daher im Folgenden darauf, für jeden der genannten Problembereiche (vergleiche dazu Abschnitt 4.5) eine kurze Anregung zu geben.

1. Die Gottesbeziehung selbst

Wir sollten uns unbedingt einmal selbst fragen, was unseren christlichen Glauben eigentlich ausmacht und was ihn vom islamischen Glauben unterscheidet. Wir müssen den Kern unseres Glaubens wieder verstehen als ein *Leben in der Gemeinschaft mit dem dreieinigen Gott.* Die Dreieinigkeit Gottes weist uns darauf hin, dass Gott in seinem Wesen selbst schon Beziehung ist. Und an dieser Gemeinschaft der Liebe zwischen Vater, Sohn und Heiligem Geist will er uns als Menschen teilhaben lassen. Er ließ sich dabei auch von der menschlichen Ablehnung und Schuld, die sich wie eine Mauer zwischen ihn und uns geschoben hat, nicht von seiner Absicht abbringen. Durch den Tod Jesu, der den Preis für diese Schuld gezahlt hat, hat Gott die trennende Mauer eingerissen und den Weg zu einer Beziehung mit ihm wieder freigemacht.

Glauben bedeutet, diesen von Jesus Christus geöffneten Weg einzuschlagen und in eine lebendige Beziehung mit dem dreieinigen Gott zu treten. Geht uns dieser Kern unseres Glaubens verloren, dann werden alle unsere Bemühungen um die Früchte gelebter Umkehr letztlich zu einem rein menschlichen Kraftakt – zu einer Anstrengung, die vielleicht einen religiösen Wettstreit mit dem islamischen Glauben aufnimmt, sich aber nicht mehr grundsätzlich von ihm unterscheidet. Echtes erneuertes Leben dagegen erwächst nur aus der Gemeinschaft mit dem Vater (Jakobus 1,17–18), dem Sohn (Johannes 15,4–5; 2. Korinther 5,17) und dem Heiligen Geist (Galater 5,22).

2. Die Frömmigkeit

Wir sollten uns davor hüten, den echten Glauben mit der bloßen Absolvierung von bestimmten Frömmigkeitsübungen gleichzusetzen (wie beispielsweise der regelmäßigen Praxis einer Stillen Zeit). Wer seinen Glauben daran festmacht, der lebt in Gesetzlichkeit und nicht aus der Gnade heraus. Weil aber Gottes Gnade in unserem Leben nicht abstrakt bleiben, sondern sich entfalten will, sind geistliche Übungen von entscheidender Wichtigkeit. Die verschiedenen geistlichen Disziplinen – wie Stille, Gebet, Bibellesen, Gemeinschaft, Fasten, Dienstbereitschaft usw. – sind der Weg, auf dem Gottes Gnade unser Leben prägt, es durchdringt und umgestaltet zu seiner Verherrlichung. Deshalb ist es verheerend, wenn Christen diese geistlichen Disziplinen vernachlässigen und sich hier keine guten Gewohnheiten mehr zulegen. Wir müssen es wieder ganz neu lernen, *eine lebendige Frömmigkeit zu üben, ohne in die Gesetzlichkeit abzurutschen.*

3. Der westliche Lebensstil

Wir Christen haben uns die Frage zu stellen, wo unser Lebensstil nur «westlich» ist und wo er wirklich auch die Bezeichnung «christlich» – also den Maßstäben Christi entsprechend – verdient. Dabei werden wir schnell die Entdeckung machen, dass viele der Punkte in unserer westlichen Kultur, die den Maßstäben Christi nicht standhalten, mit jenen übereinstimmen, die Muslime an ebendieser Kultur kritisieren. Wir haben als Christen deshalb darum zu ringen, *einen christlichen Lebensstil inmitten unserer westlichen Kultur zu entwickeln!*

Wo müssen wir etwa unsere individuelle Freiheitsliebe beschneiden, weil wir eine Verantwortung der Gemeinschaft gegenüber haben? Wo müssen wir es neu lernen, unsere Eltern zu ehren und der älteren Generation Wertschätzung entgegenzubringen? Und wie haben wir mit Geld umzugehen, damit es nicht zum «Gott Mammon» für uns wird, von dem wir uns in großem Maße bestimmen lassen und von dem wir uns Sicherheit erhoffen? In diesen und vielen weiteren Punkten sind wir gefordert, Zeichen wahrhaftigen Christseins zu setzen und uns vom vorherrschenden westlichen Lebensstil positiv zu unterscheiden.

4. Die Theologie

Weil das wichtigste Gebot uns auch dazu auffordert: «Du sollst den Herrn, deinen Gott, lieben ... mit deinem ganzen Verstand» (Matthäus 22,37), brauchen wir ein brennendes Herz für die Theologie. Wie aber muss eine Theologie aussehen, die Gott gefällt? Es ist eine «Theologie unter der Herrschaft Gottes».[118] Das bedeutet auch, dass sie Abstand davon nimmt, den Menschen und seinen begrenzten Verstand zum Maß aller Dinge zu machen. Vielmehr stellt sie sich unter die Autorität des Wortes Gottes. Ihr geht es nicht um Wortkriege, Schulgezänke oder eigene Profilierungssucht (1. Timotheus 6,3–5), sondern um die Verherrlichung Gottes.

Deshalb führt eine solche Theologie auch kein isoliertes Dasein. Sie muss der Gemeinde und dem Bau des Reiches Gottes als «gesunde» und «heilsame» Lehre (2. Timotheus 4,3; Titus 1,9 und 2,1; Luther) dienen, indem sie Menschen ganz konkret dazu befähigt, als Jünger Jesu zu leben (Matthäus 28,19–20; Luther). Was wir also brauchen, ist *eine Theologie, die Gott verherrlicht und der Gemeinde dient.*

5. Die Einheit der Christen

Wir sollten der Einheit der Christen die gleiche Bedeutung zumessen, wie Jesus es getan hat. Er betete noch in der letzten Nacht vor seinem Tod für die Christen aller Zeiten: «Sie alle sollen eins sein, genauso wie du, Vater, mit mir eins bist ... Dann wird die Welt glauben, dass du mich gesandt hast» (Johannes 17,21). Dabei wird es hilfreich sein, die weltweite Gemeinde Jesu als Leib zu verstehen. Das bedeutet zum einen, dass wir zuallererst Christus, dem Haupt, verpflichtet sind und nicht der gemeinsamen Arbeit mit anderen um jeden Preis (zum Beispiel nicht um den Preis der Wahrheit und des eigenen an Gott gebundenen Gewissens). Mit der gleichen Deutlichkeit müssen wir aber auch hervorheben, dass wir mit allen anderen Gliedern der weltweiten Gemeinde Jesu unwiderruflich verbunden sind. Wir sind ihnen gegenüber zu echter Liebe verpflichtet (1. Johannes 4,19–21 und 5,1).

Unsere eigenen Erfahrungen und Überzeugungen, auch unser Erkenntnisstand der Wahrheit, sind nicht alles. Wir brauchen den anderen – auch denjenigen, der uns Mühe macht. Wir sollten dankbarer werden für unsere Unterschiedlichkeit und sie als Ausdruck unterschiedlicher Charismen (Gaben und Aufgaben) verstehen. Wenn wir auf unvereinbare Differenzen mit Glaubensgeschwistern stoßen, sollten wir diese zunächst als Herausforderung zu einer eingehenderen Prüfung und zu einem noch stärkeren Ringen um die Wahrheit begreifen. Wir müssen als Christen mit aller Entschiedenheit *nach Einheit streben, ohne faule Kompromisse einzugehen!*

6. Die gesellschaftliche Einflussnahme

Jesus verzichtete darauf, seinen Herrschaftsanspruch über diese Erde mit Macht durchzusetzen, und war sogar bereit, selbst Gewalt zu erleiden – eine Gewalt, die am Kreuz ihren Höhepunkt fand. Als Gemeinde Jesu weist er uns auf den gleichen Weg

(Johannes 15,18–21; 2. Timotheus 3,12). Wo die Gemeinde versucht, ihre Ziele mit Zwang und Gewaltanwendung durchzusetzen, verlässt sie die Nachfolge ihres Herrn. Deshalb ist es notwendig, dass wir die Gemeinde Jesu klar und deutlich vom Staat und den ihm von Gott anvertrauten Machtmitteln unterscheiden. Auch wenn manche Muslime gerade darin eine Schwäche des christlichen Glaubens sehen, können wir den Anstoß, den das Kreuz erregt, nicht einfach aus der Welt schaffen, ohne die Botschaft Jesu selbst zu verleugnen.

All dies darf jedoch nicht den Rückzug der Christen aus der Gesellschaft zur Folge haben. Wir sind dazu berufen, als das «Salz der Erde» zu wirken, das dem Verfall unserer Gesellschaft seine konservierende Wirkung entgegensetzt. Als Christen sollen wir unseren Glauben an den Herrn der Welt in allen Lebensbereichen wirksam werden lassen. Darum wäre es wichtig, einmal gemeinsam darüber nachzudenken, was unser Christsein für alle unsere Lebensbereiche bedeutet: in der Erziehung, in der Wirtschaft, in der Politik, im Finanzwesen, in der Forschung, in der Medizin, in der Kunst und in den Medien. Wie wirkt es sich auf unser Verhalten als Arbeitgeber oder als Arbeitnehmer aus? (Hierbei könnte sicherlich die Zusammenarbeit von Fachleuten aus dem jeweiligen Bereich mit Theologen – insbesondere mit Ethikern – hilfreich sein. Es wäre auch zu begrüßen, wenn es mehr Möglichkeiten für solche Fachkräfte aus den verschiedenen Bereichen geben würde, sich berufsbegleitend und integrativ mit christlicher Ethik zu befassen.) Gott ist Herr über alle Bereiche unseres Lebens. Deshalb müssen wir *als Christen die Gesellschaft prägen, auch wenn wir darauf verzichten, unsere Ziele mit Gewalt durchzusetzen.*

7. Der Umgang mit dem Judentum

Gott hat sein Volk nicht verstoßen (Römer 11,1–2). Und den Juden als seinem Volk sollten wir in besonderer Art und Weise Liebe entgegenbringen und für sie beten (Psalm 122,6 und Römer 10,3). Diese besondere Zuwendung zum Volk der Juden darf für uns aber nicht in Ablehnung der arabischen Völker umschlagen. Nein, wir sollten unbedingt beiden Seiten auf ähnliche Weise begegnen: *Wir haben Juden – und auch Araber – zu lieben wie uns selbst.* Das bedeutet, dass wir ihnen mit Achtung, ehrlicher Anteilnahme, Demut und Liebe begegnen.

Nur wenn wir uns so verhalten, können wir ihnen das Evangelium von Jesus Christus bezeugen, das für Juden wie für Araber der einzige Weg der Erlösung ist (Römer 3,22–24 und 10,8–13). Besondere Unterstützung sollten wir den an Jesus Christus gläubigen Juden und Arabern zukommen lassen, denn sie haben oft unter der Verachtung ihrer eigenen Landsleute zu leiden. Und sie sind außerdem eine Quelle der Hoffnung auf Versöhnung mitten in der prekären Lage des Nahen Ostens.

8. Die Mission

Erfreulicherweise hat unter Christen das Anliegen der Mission unter Muslimen in den zurückliegenden

Jahren neu an Interesse gewonnen. Aber noch immer herrscht zuweilen eine regelrechte Blindheit vor, was dieses Thema anbelangt. So gibt es zum Beispiel westliche Gemeinden, die durchaus interessiert Anteil daran nehmen, wie in anderen Ländern Muslime mit dem Evangelium erreicht werden. Aber gleichzeitig sind sie blind für das gleiche Anliegen in ihrer eigenen Nachbarschaft. Wir haben als Christen im Westen eine Verantwortung für die Millionen von türkischen, persischen, arabischen und anderen Mitbürgern, die mitten unter uns leben.

Es war noch nie einfach, kulturelle Vorbehalte und Schranken zu überwinden, um den Auftrag von Jesus auszuführen, alle Völker zu Jüngern zu machen (Matthäus 28,18–10). (Man denke etwa nur an den Apostel Petrus. Er benötigte noch einmal eine besondere Vision von Gott, bevor er bereit war, in das Haus des «Heiden» Kornelius zu gehen, um ihm das Evangelium zu verkündigen).[119] Aber der Auftrag von Jesus an uns ist klar und deutlich: «Geht hin!» Und wir sollten prüfen, was das für uns ganz persönlich bedeutet. Wir brauchen eine *Mission, die sich ganz entschieden den Muslimen zuwendet.*

5.3 Ein inspirierendes Beispiel

Nachdem wir nun gesehen haben, wo und wie wir Zeichen konkreter Umkehr setzen sollten, möchte ich kurz von einem Beispiel gelebter Umkehr berichten. Es geht dabei um das Leben des Franziskus von Assisi. Auch er war nicht perfekt, aber gerade was den Islam anbelangt, können wir von ihm so manches lernen.

Franziskus von Assisi stammte aus dem Hause eines reichen Tuchhändlers. So konnte er als junger Mann das Leben in vollen Zügen genießen. Nachdem er zu der Gewissheit gelangt war, dass er Jesus nachfolgen sollte, löste er sich vollständig von seinem bisherigen Lebensstil. Er verzichtete auf allen Besitz und jegliche Erbansprüche und begann, sich um Aussätzige zu kümmern. Bei allem, was er tat, wurde es zu seinem ernsten Anliegen, ganz nach den Anweisungen des Evangeliums zu leben.

Im Jahre 1219, also mitten im Zeitalter der Kreuzzüge, fasste Franziskus einen Entschluss: Er wollte in den Orient reisen, um dort die Ungläubigen zu bekehren. Dabei dachte er sowohl an die christlichen Kreuzfahrer als auch an ihren Feind, den Sultan selbst.

Bei Damiette (Ägypten) standen sich die christlichen und muslimischen Heere direkt gegenüber. Franziskus entschloss sich – völlig unbewaffnet –, einfach vom Heerlager der Kreuzfahrer aus zum Sultan zu gehen, um ihm das Evangelium zu verkündigen und ihn zur Bekehrung aufzufordern. Von den Soldaten des Sultans aufgegriffen, wurde er gegeißelt und verspottet und mit dem Tode bedroht. Aber der Mut dieses Mannes imponierte dem Sultan, und so ließ er ihn zu sich kommen. Franziskus predigte ihm schlicht, aber leidenschaftlich das Evangelium. Der Sultan bekehrte sich nicht, ließ Franziskus aber angeblich durch einen Dolmetscher ausrichten: «Wenn ich jemals einen zweiten Christen wie dich treffe, dann werde ich Christ.»[120] So sehr hatte ihn dieser Mann Gottes beeindruckt.

Thomas von Celano berichtet in seiner Lebensbeschreibung des Franziskus: «Er [der Sultan] ehrte ihn, so viel er konnte, und versuchte mit vielen Geschenken und Reichtümern der Welt sein Herz zu gewinnen. Als er sah, wie er solches alles gleich wie Mist aufs Strengste verachtete, erfüllte ihn eine große Bewunderung, und er fing an, ihn als einen Mann zu betrachten, der allen anderen ganz unähnlich war. Er wurde von seinen Worten gerührt und hörte ihn sehr gerne an.»[121]

Manche mögen in dieser Episode aus dem Leben des Franziskus von Assisi lediglich eine weitere Legende über diesen «Narren Gottes» sehen. Aber ohne Frage hat gerade dieser «Narr» es verstanden, einer verweltlichten, dem Reichtum und der Macht verfallenen Kirche ein Beispiel für ein *anderes* Christentum vor Augen zu führen: ein Christentum, das sich ganz am Evangelium orientieren wollte und versucht hat, wirkliche Nachfolge Jesu zu leben.

Nach solchen und ähnlichen gelebten Alternativen zu suchen und bekannte positive Episoden aus der christlich-islamischen Geschichte weiter zu erforschen, das wäre eine lohnende Aufgabe. Denn solche Beispiele zeigen uns, dass es tatsächlich möglich ist, anders zu leben. Sie spornen uns an, selbst einen Lebensstil zu entwickeln, der sich an Jesus Christus und seinem Evangelium orientiert.

Dies wird beispielsweise auch bei Karl Griesinger deutlich, der die Episode aus dem Leben des Franziskus von Assisi als Christ, der sich selbst für die

Mission unter Muslimen einsetzte, folgendermaßen kommentiert:

«Wie vielen Vertretern des Westens, wie vielen Bekennern des Christentums mag wohl der Islam ... begegnet sein, die ‹die Reichtümer der Welt wie Mist verachteten› ähnlich wie dieser Franz von Assisi: Wie vielen wirklichen Nachfolgern des Meisters, der ‹nicht hatte, da er sein Haupt hinlege›, der mit aller Schärfe es ausgesprochen hat: ‹Niemand kann zwei Herren dienen – entweder Gott oder dem Mammon›? Ob nicht der Islam vom Christentum weithin den Eindruck bekommen hat, man rufe nach dem heiligen Grab und meine Handelsbeziehungen nach der Levante, man gebe die Parole aus ‹Freiheit vom Tyrannenjoch› und meine die Erdölvorkommen am Tigris? ... So daß auch von uns das Wort des Paulus an die Juden gilt: ‹Eurethalben wird Gottes Name gelästert werden unter den Heiden.› Ob nicht auch heute Christen von der Lauterkeit eines Franz von Assisi gerne angesteckt würden? Aber welch eine Mauer des Mißtrauens gilt es da zu durchbrechen: Es muß bei diesem Durchbruch wohl nicht viel anders gehen, als es damals dem heiligen Franz gegangen ist. Spott und Hohn, Geißelhiebe und Todesandrohungen müssen in Kauf genommen werden für das, was in Jahrhunderten vom Westen im Osten gesündigt wurde ... Möchte doch unsere junge Mohammedanermission ... in franziskanischer Reinheit und Lauterkeit und mit franziskanischem Feuer geführt werden! Dann wird ihr der Erfolg nicht versagt bleiben.»[122]

5.4 Eine große Vision

Die Reformatoren gingen davon aus, dass es einen Zusammenhang zwischen dem geistlichen Zustand der Christenheit und der Stärke des Islam gibt. Welche Folgen könnte es also haben, wenn es in der Christenheit tatsächlich zu einer tief greifenden Umkehr unter die Herrschaft Gottes kommen würde?

Wir sollten hier mit Spekulationen vorsichtig sein. Denn wir können Gottes Ratschlüsse und seine Wege mit dieser Welt nicht bis ins Letzte ergründen. Seine Wege sind höher als unsere Wege und seine Gedanken höher als unsere Gedanken (vergleiche Jesaja 55,9). Zudem dürfen wir nicht vergessen, dass der Islam als ein doppeltes Gericht – über Christen und Muslime – anzusehen ist und somit nicht allein das Verhalten der Christen für die Zukunft des Islam von Bedeutung ist, sondern auch das der Muslime selbst.[123]

Es ist uns als neutestamentlicher Gemeinde auch nicht verheißen, als Christen ein Leben frei von Widerständen, Bedrängnis und Verfolgung führen zu können. Aber wo wir unter Gottes Herrschaft leben, da verheißt er uns seine segnende Gegenwart. In seiner Hand brauchen wir nichts und niemanden zu fürchten. Und wo wir in seiner Gemeinschaft leben, da können seine Gaben und Kräfte durch uns wirksam werden. So werden wir ein brauchbares Werkzeug in Gottes Hand, der uns dazu bestimmt hat, Salz und Licht für diese Welt zu sein. Und er wird durch uns sein Evangelium in die ganze Welt tragen, wie er es vorausgesagt hat: «Aber ihr werdet den

Heiligen Geist empfangen und durch seine Kraft meine Zeugen sein in Jerusalem und Judäa, in Samarien und auf der ganzen Erde» (so zu lesen in Apostelgeschichte 1,8).

Deshalb wird unsere innere Umkehr auch nicht ohne Auswirkungen auf die Entwicklung der Mission bleiben. Schon Martin Luther erwartete: «... je rücksichtsloser die Christenheit die Sünde in ihren eigenen Reihen aufdeckt und straft ... um so eher wird ihr Wort Eingang finden».[124]

Sollte dies nicht gerade für die islamische Welt gelten, die sich bisher als so unzugänglich für die Ausbreitung des Evangeliums erwiesen hat? Sollte nicht auch hier unsere Umkehr ein Schlüssel sein, der bislang verschlossene Türen öffnet? Johannes Lepsius schrieb dazu: «Wir Christen jammern, diese Türe sei verschlossen; aber wir vergaßen nur, den Schlüssel aus der eigenen Tasche zu ziehen ... Wir nennen die Moslems unbekehrbar, weil wir selber noch nicht recht bekehrt sind.»[125] Unsere Umkehr zu Gott ist der erste Schritt, den wir selbst gehen müssen, damit auch die islamischen Völker das Evangelium in größerem Maße als bisher erkennen.

Ich kann nicht sagen, ob und inwieweit wir im Nahen und Mittleren Osten in den nächsten Jahrzehnten eine umfassendere geistliche Erweckung erleben werden. Aber wir sollten mutig dafür beten, denn in den vergangenen Jahren haben mehr Muslime zum lebendigen Glauben an Jesus Christus gefunden als je zuvor. Und eines ist klar: In der Religionsgeschichte des Nahen Ostens wird es noch bedeutende Veränderungen geben. Das prophetische Wort der Bibel (Jesaja 19,19–22 und 24–25) spricht von einer Zeit, in der sich die heutigen Verhältnisse gewandelt haben werden:

«So wird der Herr sich den Ägyptern zu erkennen geben. Ja, in jener Zeit werden sie ihn kennen und ihm … opfern. Sie halten sich an das, was sie dem Herrn in ihren Gelübden feierlich versprochen haben. Zwar muss er sie erst hart bestrafen, doch gerade durch die Schläge bringt er sie auf den richtigen Weg: Sie werden sich ihm zuwenden, und er wird ihre Gebete erhören und sie heilen … Israel ist dann der Dritte im Bunde, ein Segen für die ganze Erde. Der Herr, der allmächtige Gott, wird sich diesen Völkern zuwenden und sagen: ‹Ich segne euch Ägypter, ihr seid mein Volk! Ich segne auch euch Assyrer; ich habe euch geschaffen. Und ich segne euch Israeliten; ihr gehört zu mir.›»

Die Frage, auf welche Zeit sich diese biblischen Verheißungen beziehen und inwieweit sie sich schon heute – vor der Wiederkunft Christi – zu erfüllen beginnen, ist in der Christenheit unterschiedlich beantwortet worden. So könnte man zum Beispiel bereits Ereignisse der frühen Kirchengeschichte, in der christliche Gemeinden gerade in Ägypten (und Syrien/Irak) entstanden sind, als eine Vor- oder Teilerfüllung der Verheißungen von Jesaja 19,19–25 verstehen. Auch in der Missionsgeschichte zeigt sich immer wieder das spannungsvolle «Noch-nicht-und-doch-schon-Jetzt» des Reiches Gottes. Über eines aber dürfen wir uns ganz sicher sein: Die Zukunft gehört der Herrschaft Gottes – auch in den Ländern, die heute noch islamisch sind!

Wer also schon heute für den Durchbruch der Herrschaft Gottes in den Ländern des Islam lebt (einen Durchbruch, der mit der Umkehr unter die Herrschaft Gottes im eigenen Leben beginnt), dessen Einsatz hat Zukunft.

> «Deshalb kommt die Frage, warum Moslems so selten Christen werden, auf uns zurück! *Wir* sind die Ursache mit unserem Kleinglauben, unserer schwachen Gebetskraft, unserer mangelnden Liebe und unserer fehlenden Opferbereitschaft. Einmal sagte Rev. Iskander Jadeed, ein ehemaliger arabischer Moslem: ‹**Wenn alle Christen Christen wären, gäbe es heute keinen Islam mehr!**›» *Abd al-Masih*[126]

5.5 Die Sache mit dem Splitter und dem Balken

Im Laufe der Geschichte gab es unter den Christen, die im Islam ein Gericht Gottes erkannten, zuweilen eine interessante Tendenz: Man schaute auf die eigenen (kirchlichen) Gegner und meinte, es sei deren Versagen, das das Gericht Gottes verschuldet habe. Schon Johannes von Nikiu (geboren um 640) sah im Islam ein Gericht über die byzantinische Reichskirche, der er selbst als Bischof der koptischen Kirche feindlich gegenüberstand. Er wies das Gericht Gottes und damit die notwendige Umkehr also seinem theologischen Gegner zu.[127] Ähnliches ereignete sich später in der Reformationszeit: Die Reformatoren sahen die Ursache für Gottes Gericht im Wesentlichen im Papsttum, das sie selbst bekämpften.[128]

Es stellt sich deshalb die Frage, an wen *wir* heute denken, wenn wir davon sprechen, dass der Islam ein Ruf Gottes zur Umkehr ist.

Vielleicht denken wir zuerst an das «ach so gottlos gewordene christliche Abendland», an den Zustand unserer westlichen Völker. Es ist wahr, dass unsere Völker weithin ohne Gott leben und dass Gott sie zur Umkehr aufruft. Aber die Umkehr, die Gott von uns will, wird nicht bei unserer Gesellschaft als solcher anfangen. Es reicht auch nicht, wenn wir uns über den Zustand der Volkskirche oder über andere christliche Gemeinschaften und Freikirchen beklagen. Hier ist eine Umkehr dringend nötig, aber sie beginnt eben nicht beim anderen. Es genügt nicht einmal, die Versäumnisse in der eigenen Gemeinde zu erkennen, zu der wir selbst gehören. Zuerst geht es um uns selbst; um jeden Einzelnen von uns.

Jesus wies einmal darauf hin, dass wir Menschen es immer wieder hinbekommen, den Splitter im Auge unseres Nächsten zu erkennen und dabei an dem Balken im eigenen Auge vorbeizusehen (Matthäus 7,3). Vor dieser gefährlichen Tendenz sollten wir uns in Acht nehmen. Ich habe in meinen Ausführungen deshalb sehr allgemein vom Versagen «der Christenheit» gesprochen. Außerdem habe ich in diesem Zusammenhang die Begriffe «Christen», «Kirche» oder «Gemeinde» gebraucht, ohne präziser zu definieren, wer oder was damit im Einzelnen genau gemeint ist. Meine Absicht ist es dabei, dass wir beim Nachdenken über das Versagen der Christenheit nicht vorschnell auf andere schauen, sondern zuallererst uns selbst in Frage stellen. Geistlich gesehen wird sich erst dann wirklich etwas verändern, wenn wir bereit sind, auf uns selbst zu schauen! Deshalb sollten wir den Islam zunächst als geistliche Herausforderung an jeden Einzelnen von uns persönlich verstehen und mit unserem eigenen Leben eine Antwort darauf geben.

Ein erster praktischer Schritt dazu könnte sein, die im Abschnitt «Aspekte gelebter Umkehr» genannten acht Bereiche noch einmal betend durchzugehen und sich einmal zu überlegen, was jeder von uns persönlich in den angesprochenen Bereichen ändern sollte.

Sind wir bereit dazu, echte Umkehr zu leben? Sind wir bereit zu einem Leben, das den Islam geistlich überwindet und das die Muslime dieser Welt für die Liebe Gottes gewinnt?

Ein Fazit: Gott klopft an unsere Tür

Durch den Islam ruft Gott uns zur Umkehr auf. Deshalb sollten auch wir uns dem ernsten Wort Gottes an seine Gemeinde stellen:

«Ich kenne dich genau und weiß alles, was du tust. Du bist weder kalt noch heiß. Ach, wärst du doch das eine oder das andere! Aber du bist lau, und deshalb werde ich dich ausspucken.

Du bildest dir ein: ‹Ich bin reich und habe alles, was ich brauche!› Da machst du dir selbst etwas vor! Du merkst gar nicht, wie jämmerlich du in Wirklichkeit dran bist: arm, blind und nackt.

Darum solltest du dich endlich um den wahren Reichtum bemühen, um das reine Gold, das im Feuer geläutert wurde. Nur dieses Gold macht dich reich, und nur von mir kannst du es bekommen. Lass dir auch die weißen Kleider von mir geben, damit du nicht länger nackt und bloß dastehst. Kauf dir Augensalbe, die deine blinden Augen heilt.

Bei allen, die ich liebe, decke ich die Schuld auf und erziehe sie mit Strenge. Nimm dir das zu Herzen, und kehr um zu Gott!

Merkst du es denn nicht? Noch stehe ich vor deiner Tür und klopfe an. Wer jetzt auf meine Stimme hört und mir die Tür öffnet, zu dem werde ich hineingehen und Gemeinschaft mit ihm haben.

Wer durchhält und den Sieg erringt, wird mit mir auf meinem Thron sitzen, so wie auch ich mich als Sieger auf den Thron meines Vaters gesetzt habe.

Hört genau hin, und achtet darauf, was Gottes Geist den Gemeinden sagt» (Offenbarung 3,15–22).

Gottes ernster Aufruf zur Umkehr ist ein Ausdruck seiner Liebe. Er, der heilige und allmächtige Gott, steht vor unserer Tür und möchte neu in unserem Leben Raum gewinnen. Er will Gemeinschaft mit uns haben und uns mit seiner Gegenwart beschenken. Er verschafft sich nicht mit Gewalt Zutritt. Aber in seiner Liebe wirbt er um uns und «sucht uns heim». Auch durch die Herausforderung des Islam klopft er heute an unsere Tür.

Wie werden wir darauf reagieren? Werden wir auf seine Stimme hören? Werden wir die Türen unseres Herzens weit öffnen und ihn neu willkommen heißen in unserem Leben?

> Macht hoch die Tür, die Tor macht weit
> Es kommt der HErr der Herrlichkeit,
> ein König aller Königreich,
> ein Heiland aller Welt zugleich,
> der Heil und Leben mit sich bringt;
> derhalben jauchzt, mit Freuden singt:
> Gelobet sei mein Gott, mein Schöpfer reich von Rat!
>
> Er ist gerecht, ein Helfer wert,
> Sanftmütigkeit ist sein Gefährt,

sein Königskron ist Heiligkeit,
sein Zepter ist Barmherzigkeit;
all unsre Not zum End Er bringt,
derhalben jauchzt, mit Freuden singt:
Gelobet sei mein Gott, mein Heiland groß von Tat!

O wohl dem Land, o wohl der Stadt,
so diesen König bei sich hat!
Wohl allen Herzen insgemein,
da dieser König ziehet ein!
Er ist die rechte Freudensonn,
bringt mit sich lauter Freud und Wonn.
Gelobet sei mein Gott, mein Tröster früh und spat!

Komm, o mein Heiland Jesu Christ,
mein's Herzens Tür dir offen ist;
ach, zeuch mit deiner Gnade ein,
dein Freundlichkeit auch uns erschein,
dein Heilger Geist uns führ und leit
den Weg zur ewgen Seligkeit.
Dem Namen dein, o HErr, sei ewig Preis und Ehr!

Georg Weissel[129]

Anhang

Der Autor ist am Austausch über die in diesem Buch geäußerten Gedanken sehr interessiert.

Kontaktadresse: Autor.Umkehr@gmx.de

A Die (heutigen) islamischen Kernländer als Wiege der Christenheit

Es ist interessant, sich einmal zu vergegenwärtigen, auf dem Gebiet welcher moderner Staaten die biblische Geschichte stattfand. Das Paradies wird im Buch Genesis mit den Flüssen Euphrat und Tigris (*Türkei, Syrien, Irak*) in Verbindung gebracht. Noahs Arche ließ sich auf dem Berg Ararat (*Türkei*) nieder. Abraham stammte ursprünglich aus Ur (*Irak*) und kam über Haran (*Türkei*) ins Land Kanaan. In *Ägypten* wurde aus der Familie seines Enkels Jakob ein Volk. Und selbst einige Gebiete des verheißenen Landes, in denen sich weitgehend die Geschichte des Alten Testaments abspielte, sind heute vorwiegend islamisch (*Palästinensische Autonomiegebiete, Jordanien*). Der Prophet Jona wird nach Ninive geschickt (*Irak*). Und Daniel lebte zusammen mit vielen anderen aus Gottes Volk in der Verbannung in Babylonien (*Irak*).

Auch das Neue Testament nennt eine Vielzahl von Orten, die sich heute auf islamischem Gebiet befinden: Jesus wurde in Bethlehem (*Palästinensisches Autonomiegebiet*) geboren. Seine Eltern fanden mit ihm in *Ägypten* Zuflucht. Jahre später führte ihn sein Wirkungsradius bis in das Gebiet von Tyrus und

Sidon (*Libanon*). Beim Sprachenwunder an Pfingsten hörten auch *Araber*, Parther, Meder und Elamiter (*Iran*) sowie Menschen aus Mesopotamien (*Irak*), Kappadozien, Pontus und der Provinz Asien, Phrygien und Pamphylien (alle in der *Türkei*), *Ägypten* und *Libyen* die Apostel in ihrer jeweiligen Muttersprache reden. Paulus schließlich stammte aus Tarsus (*Türkei*). Auf dem Weg nach Damaskus (*Syrien*) erfuhr er seine Lebenswende. Sein erster «Dienstort» war Antiochien (*Türkei*). Viele Orte seiner Missionsreisen liegen auf dem Gebiet der heutigen *Türkei* (Attalia, Perge, Antiochia in Pisidien, Ikonion, Lystra, Derbe, Troas u. a.). Er verfasste auch Briefe an Gemeinden in Galatien, Ephesus und Kolossä (*Türkei*). Und in der Offenbarung des Johannes lesen wir die Sendschreiben Gottes an die Gemeinden in Ephesus, Smyrna, Pergamon, Thyatira, Sardes, Philadelphia und Laodizea. Alle diese Orte befinden sich auf dem Gebiet der heutigen *Türkei*.

Aber nicht nur in der Bibel, sondern auch in der Geschichte der ersten Jahrhunderte des Christentums befinden wir uns zum großen Teil auf dem Boden des Gebietes, das heute islamisch ist. So gab es zum Beispiel schon sehr früh große christliche Gemeinden in Antiochien (*Syrien*) und Alexandrien (*Ägypten*). Schon im 3. Jahrhundert nach Christus gab es in Edessa (*Türkei*) ein christliches Königreich. Später wurde Konstantinopel (*Türkei*) zum Zentrum der östlichen Christenheit. Wichtige Konzilien fanden in Nicäa und Chalzedon (*Türkei*) statt. Und in Nordafrika wurden die Handelsstädte Karthago (*Tu-*

nesien) und Hippo (*Algerien*) zu Hochburgen des christlichen Glaubens.

Schon diese unvollständige Aufzählung macht Folgendes deutlich: Die Gebiete, in denen das Christentum einst seine Heimat hatte, sind heute islamische Kernländer!

B Überblick über die wichtigsten orientalischen Kirchen

Byzantinische Reichskirche

Bei der byzantinischen Reichskirche handelt es sich um die offizielle Kirche des oströmischen (oder byzantinischen) Reichs. Sie war die Kirche des Kaisers, daher nannte man ihre Anhänger auch «*Melkiten*» (Kaisertreue). Anhänger anderer Kirchen und Gruppierungen wurden von der byzantinischen Reichskirche mit Hilfe der Staatsmacht unterdrückt und zum Teil brutal verfolgt.

Nestorianische Kirche

Östlich vom byzantinischen Reich lag das mit ihm konkurrierende Perserreich (oder Sassaniden-Reich). Dort herrschte die Religion Zoroasters vor, und es gab – im Gegensatz zum byzantinischen Reich – keine christliche Obrigkeit. Die Christen im Perserreich pflegten kaum Kontakte zur byzantinischen Reichskirche, um von den Persern nicht der Zusammenarbeit mit dem politischen Gegner verdächtigt zu werden. Noch klarer wurde die Trennung schließlich, als die Kirche des Perserreiches offiziell das

Bekenntnis des Nestorius (428–431 Patriarch von Konstantinopel) annahm, der von der byzantinischen Reichskirche auf der Synode von Ephesus (431) ausdrücklich als Irrlehrer verurteilt worden war. Die nestorianische Kirche entwickelte eine rege Missionstätigkeit und breitete sich bis weit nach Zentralasien und China aus.

Koptische Kirche

Infolge des Konzils von Chalzedon (451) kam es zu Spaltungen innerhalb der Kirche des oströmischen Reichs. Die Christen Ägyptens waren überwiegend der Überzeugung, dass Christus nur eine einzige, gott-menschliche Natur habe, daher wurden sie als «Monophysiten» (also als Anhänger der «Ein-Natur-Lehre») bezeichnet. Das Konzil von Chalzedon aber hatte diese Lehre verworfen und stattdessen von zwei Naturen Christi gesprochen, einer göttlichen und einer menschlichen, die als «unvermischt und ungeteilt» verstanden werden sollten. So kam es zur Spaltung. Der Kampf um die kirchliche Vorherrschaft in Ägypten zog sich über mehrere Jahrhunderte hin. In den Städten (vor allem im Patriarchensitz Alexandrien) konnte sich in der Regel die byzantinische Reichskirche durchsetzen; die einfache Landbevölkerung tendierte aber eher zur koptischen Kirche («Kopte» bedeutet lediglich «Ägypter»). Die Kirche Äthiopiens kann man als einen «Ableger» der koptischen Kirche Ägyptens ansehen.

Syrische Kirche

In Syrien gab es nach dem Konzil von Chalzedon die gleichen Auseinandersetzungen wie in Ägypten. Daraus entstand hier die syrische Kirche, die das gleiche Schicksal wie die koptische Kirche erlitt. Aufgrund der Gemeinsamkeiten verstanden sich die Kirchen der Kopten und der Syrer als «monophysitische» Schwesterkirchen. Im 6. Jahrhundert weihte der Bischof Jakob Baradai einige Bischöfe für die syrische Kirche und sicherte so der schwer angeschlagenen Institution den Fortbestand. Aufgrund seines Wirkens nannte man die syrische Kirche dann auch *«Jakobitische Kirche»*.

Armenische Kirche

Die Kirche in Armenien hat eine eigenständige Geschichte. Im Jahre 301 wurde der armenische König Tiridates III. vom Heiligen Gregor zum Christentum bekehrt (daher auch der Name *«Gregorianische Kirche»*). In der Folge entstand in Armenien das erste christliche Königreich, das an der «Schnittstelle» zwischen dem oströmischen Reich und dem Perserreich lag. Am Konzil von Chalzedon konnten die Vertreter der armenischen Kirche nicht teilnehmen, weshalb sie seine Beschlüsse nicht anerkannten. So wurden auch sie zu einer «monophysitischen Kirche» und gingen dadurch in Opposition zur byzantinischen Reichskirche.

C Hauptgründe für die Entstehung des Islam (nach Kuberski)

In einer eindrucksvollen Studie mit dem Titel *Mohammed und das Christentum* hat Jürgen Kuberski das Christentum zur Zeit Mohammeds eingehend untersucht. In dieser Studie nennt er folgende «Hauptgründe für die Entstehung des Islam»[130]:

- Die Zerrissenheit des Christentums in einander sich bekämpfende Sekten.
- Die Uneinigkeit in wichtigen Glaubenslehren.
- Das Fehlen von Gemeinden in Arabien.
- Das Fehlen einer arabischen Bibelübersetzung.
- Das Fehlen von Missionaren bzw. missionarischer Predigt.
- Die missionarischen Möglichkeiten wurden nicht genutzt: Hier sind besonders Handel und Verkehr zu nennen.
- Die Aufnahmebereitschaft der Araber gegenüber dem Evangelium wurde nicht erkannt.
- Die in sich gekehrte Frömmigkeit vieler Christen.
- Die fehlende Kenntnis der Christen von den Lehren der Bibel.
- Die äußerliche Frömmigkeit bzw. Riten, Bilder und Symbole gaben ein falsches Bild vom Glauben ab.

- Die zu enge Verbindung bzw. Gleichsetzung der Christen mit den politischen Mächten.

Was die Entstehung des Islam angeht, so kommt Kuberski deshalb zu dem Schluss: «Zwar spielten die Engelserscheinungen [gemeint sind die scheinbaren Engelserscheinungen, bei denen es sich wohl eher um dämonischen Einfluss handelte] eine wichtige Rolle, doch darf man deswegen die andere Form der widergöttlichen Beeinflussung nicht außer Betracht lassen: Das Fehlverhalten der Christen der damaligen Zeit, die Irrlehren, die fehlende Mission und zu geringe Kenntnis der Christen von ihrem Glauben – dies sind Punkte, die mindestens ebenso zur Entstehung und Ausbreitung des Islam beigetragen haben!»[131]

D Literaturverzeichnis

al-Masih, Abd: *Die islamische Lawine rollt auf uns zu.* Licht des Lebens, Villach 1992.

al-Masih, Abd: *Warum ist es für einen Moslem schwierig, Christ zu werden?* Licht des Lebens, Villach ohne Jahresangabe.

Al-Sain, Johanna & Schrupp, Ernst: *Ich kämpfte für Allah. Eine Frau auf der Suche nach der Wahrheit.* R. Brockhaus Verlag, Wuppertal 2001[4].

Andrae, Tor: *Mohammed: Sein Leben und sein Glaube.* Vandenhoeck & Ruprecht, Göttingen 1932.

Awetaranian, Johannes: *Geschichte eines Mohammedaners, der Christ wurde: von ihm selbst erzählt und nach seinem Tode ergänzt von Richard Schäfer.* Lepsius, Fleischmann & Grauer, Potsdam 1930.

Baumann, Andreas: «Zu Besuch in ‹Global Village› – Ein evangelikales Plädoyer für den interreligiösen Dialog». Aus: *Evangelikale Missiologie* 17/3/2001, Seite 83–89.

Bell, Richard: *The Origin of Islam in its Christian Environment.* Macmillan, London 1926.

Ben Iman, Nassim: *Der wahre Feind ... warum ich kein Terrorist geworden bin.* Leuchter Edition, Erzhausen 2002.

Berger, Heinrich: *Calvins Geschichtsauffassung*: Zwingli Verlag, Zürich 1955.

Bergmann, Gerhard: *Die Herausforderung des Islam*. Hänssler Verlag, Neuhausen-Stuttgart 1980.

Beyerhaus, Peter: «Der Anstoß von Assisi». Aus: *Diakrisis* 4/86/1986, Seite 92–100.

Bienert, Wolfgang A: «Ebioniten». In: *Evangelisches Lexikon für Theologie und Gemeinde, Band 1.* (Hrsg.: Helmut

Burkhardt & Uwe Swarat), R. Brockhaus Verlag, Wuppertal 1992, Seite 468.

Bockmühl, Klaus: «Der Versuch einer evangelikalen Sozialethik. Zwischenbilanz und Arbeitsimpulse». In: *Anstiftungen: Chronik aus 20 Jahren OJC.* (Hrsg.: Horst-Klaus und Irmela Hofmann), Verlag Offensive/Brendow, Reichelsheim/Moers 1988, Seite 304–317.

Bormuth, K.H: «Gericht Gottes». In: *Evangelisches Lexikon für Theologie und Gemeinde, Band 2.* Helmut Burkhardt & Uwe Swarat (Hrsg.). R. Brockhaus Verlag, Wuppertal 1993, Seite 739–741.

Bosch, David: *Transforming Mission: Paradigm Shifts in Theology of Mission.* Orbis Books, Maryknoll 1991.

Bouman, Johan: *Christen und Muslime. Was sie verbindet und was sie trennt.* Brunnen Verlag, Gießen 2001[3].

Burkhardt, Helmut: *Die biblische Lehre von der Bekehrung.* Brunnen Verlag, Gießen 1985[2]. Neu enthalten in: *Christ werden. Bekehrung und Wiedergeburt als Anfang des Christseins.* Brunnen Verlag, Gießen 1999.

Busse, Heribert: *Die theologischen Beziehungen des Islams zu Judentum und Christentum. Grundlagen des Dialogs im Koran und die gegenwärtige Situation.* Wissenschaftliche Buchgesellschaft, Darmstadt 1988.

Chapman, Colin: *Cross and Crescent – Responding to the Challenge of Islam.* Inter-Varsity Press, Leicester 1995.

Cragg, Kenneth: *The Call of the Minaret.* Oneworld Publications, Oxford 2000[3].

Drescher, Oliver: «Ist es Zeit? Der Einfluss der Eschatologie auf die Debatte um die Zeitgemäßheit einer Mission unter Muslimen, 1895–1914». MTh-Thesis in Missiology an der University of South Africa, 1998.

Feldtkeller, Andreas: «Die Zeit zur Mohammedanermission im Orient ist noch nicht gekommen. Motive eines Zögerns in der Mission des American Board und bei Gustav Warneck». In: *Es begann in Halle ... Missionswis-*

senschaft von Gustav Warneck bis heute. (Hrsg.: Dieter Becker & Andreas Feldtkeller), Ev.-luth. Mission, Erlangen 1997, Seite 87–105.

Frische, Reinhard: *Theologie unter der Herrschaft Gottes: Philipp Jakob Speners Plädoyer für eine Erneuerung des theologischen Denkens.* Brunnen Verlag, Gießen 1979.

Gairdner, W.H.T: *The Reproach of Islam.* Young People's Missionary Movement, London 1909.

Gardet, Louis: *Islam.* J.P. Bachem, Köln 1968.

Gemeinschaftsliederbuch, Ausgabe B. Brunnen Verlag, Gießen 1979[9].

Gensichen, Hans-Werner: «Zur Orient- und Missionserfahrung von Paul Schütz». Aus: *Zeitschrift für Missionswissenschaft und Religionswissenschaft* 77/1993, Seite 152–159.

Green, Julien: *Bruder Franz.* Herder Verlag, Freiburg 1993[2].

Griesinger, Karl: «Die Begegnung des Franz von Assisi mit der Welt des Islams». Aus: *Orient im Bild* 7/1931, Seite 49–50.

Güting, E: «Der geographische Horizont der sogenannten Völkerliste des Lukas (Acta 2:9–11)». Aus: *Zeitschrift für die Neutestamentliche Wissenschaft* ... 66/1975, Seite 149–169.

Hage, Wolfgang: «Die kirchliche Situation in der vorislamischen Zeit». In: *Die Kirche im Raum des Islam.* Breklumer Verlag, Breklum 1978[2], Seite 7–18.

Hage, Wolfgang: «Die kirchliche Situation in der frühislamischen Zeit». In: *Die Kirchen im Raum des Islam.* Breklumer Verlag, Breklum 1978[2], Seite 19–29.

Harnack, Adolf von: *Die Mission und Ausbreitung des Christentums in den ersten drei Jahrhunderten*, Band 2. J.C. Hinrichs, Leipzig 1915.

Hase, Karl von: *Kirchengeschichte.* Breitkopf & Härtel, Leipzig 1900[12].

Henning, Max: *Der Koran.* Reclam jun., Stuttgart 1960, durchgesehene und verbesserte Ausgabe 1991.

Heubach, Joachim (Hrsg.): *Welthandeln und Heilshandeln Gottes. Deus absconditus – Deus revelatus.* Martin-Luther-Verlag, Erlangen 1999.

Heymann, Fritz: *Tod oder Taufe. Die Vertreibung der Juden aus Spanien und Portugal im Zeitalter der Inquisition.* (Hrsg. und eingeleitet von Julius H. Schoeps). Jüdischer Verlag, Frankfurt a.M. 1988.

Hock, Klaus: *Der Islam im Spiegel westlicher Theologie.* Böhlau Verlag, Köln 1986.

Hofmann, Murad: *Der Islam als Alternative.* Heinrich Hugendubel Verlag, Kreuzlingen/München 1992.

Hofmann, Murad: *Islam.* Heinrich Hugendubel Verlag, Kreuzlingen/München 2001.

Jellinghaus, Theodor: «Orientmission». Aus: *Der Christliche Orient* 2,3/4/1901, Seite 67–68.

Kellerhals, Emanuel: *Der Islam, die Versuchung der Kirche.* Aus der Reihe: *Kreuz und Halbmond. Schriften zur Auseinandersetzung zwischen Christentum und Islam.* (Hrsg.: Schweiz. Verein für evang. Mohammedanermission). Basler Missionsbuchhandlung, Basel 1943.

Kellerhals, Emanuel: *Der Islam. Seine Geschichte. Seine Lehre. Sein Wesen.* Basler Missionsbuchhandlung, Basel 1956².

Khoury, Adel Theodor und Hagemann, Ludwig: *Christentum und Christen im Denken zeitgenössischer Muslime.* Echter Verlag/Oros Verlag, Würzburg/Altenberge 1994².

Khoury, Adel Theodor: «Der Islam im ostkirchlichen Denken während des Mittelalters». Aus: *Concilium* 12/1976, Seite 334–337.

Khoury, Adel Theodor: *Der Islam und die westliche Welt.* Wissenschaftliche Buchgesellschaft, Darmstadt 2001.

Kindt, Karl: *Martin Luther – Aufruf an die bedrohte Christen-*

heit: Aus Luthers Türkenschriften. Furche Verlag, Hamburg 1951.

Köhler, Manfred: *Melanchthon und der Islam. Ein Beitrag zur Klärung des Verhältnisses zwischen Christentum und Fremdreligionen in der Reformationszeit*. Leopold Klotz Verlag, Leipzig 1938.

Konferenz Bekennender Gemeinschaften und AEM: «Christliches Bekenntnis und biblischer Auftrag angesichts des Islam». In: *Krise und Neuaufbruch der Weltmission: Vorträge, Aufsätze und Dokumente*. (Hrsg.: Peter Beyerhaus), Liebenzeller Mission, Bad Liebenzell 1987, Seite 290–297.

Kremers, Rudolph: *Paul Schütz – Auf der Suche nach der Wirklichkeit. Ein Lebens- und Erkenntnisweg*. Brendow Verlag, Moers 1989.

Kuberski, Jürgen: *Mohammed und das Christentum. Das Christentum zur Zeit Mohammeds und die Folgen für die Entstehung des Islam*. Verlag für Kultur und Wissenschaft, Bonn 1987.

Lehner, F. A. von: *Die Marienverehrung in den ersten Jahrhunderten*. Cotta Verlag, Stuttgart 1886^2.

Lepsius, Johannes: «Der Orient und die Aufgabe der deutschen Christenheit». Aus: *Das Reich Christi* 2,1/1899, Seite 1–4.

Livingstone, Greg: *Gemeindegründung in der Islamischen Welt. Dynamik der Teamarbeit*. Brunnen Verlag, Basel 1996.

Lüling, Günter: *Über den Urqur'an. Ansätze zur Rekonstruktion vorislamischer christlicher Strophenlieder im Qur'an*. Verlagsbuchhandlung H. Lüling, Erlangen 1974.

Lüling, Günter: *Der christliche Kult an der vorislamischen Kaaba als Problem der Islamwissenschaft und christlichen Theologie*. Verlagsbuchhandlung H. Lüling, Erlangen 1977.

Lüling, Günter: *Die Wiederentdeckung des Propheten Mu-*

hammad. Eine Kritik am «christlichen» Abendland. Verlagsbuchhandlung H. Lüling, Erlangen 1981.

Margull, Hans Jochen: «Der Dialog von Ajaltoun/Beirut». In: *Dialog mit anderen Religionen. Material aus der ökumenischen Bewegung.* (Hrsg.: H.J. Margull und Stanley Samartha), Otto Lembeck Verlag, Frankfurt 1972, Seite 74–89.

Masood, Steven: *Into the Light.* STL Books/Kingsway Publications, Bromley/Eastbourne 1987.

Maurer, Andreas: *Basiswissen Islam.* Hänssler Verlag, Holzgerlingen 2002.

McCurry, Don: *Die Heilung der zerbrochenen Familie Abrahams: Moslems und Christen – Ein Handbuch.* One Way Verlag, Wuppertal und Wittenberg 1996.

Meinhof, Karl: «Die Bedeutung der Muhammedanermission für die Heidenmission». Aus: *Der Christliche Orient* 7,11/12/1906, Seite 174–176 und 185–194.

Müller, Caspar Detlef Gustav: «Kirche und Mission unter den Arabern in vorislamischer Zeit.» In: *Sammlung gemeinverständlicher Vorträge und Schriften aus dem Gebiet der Theologie und Religionsgeschichte*, Nr. 249, Mohr Verlag, Tübingen 1967.

N.N.: «Die Bibel in den Ländern des Islam». Aus: *Orient im Bild* 12/1932, Seite 51.

Ostermann, Eduart: *Er zerbricht die Mauer.* Hänssler Verlag, Neuhausen/Stuttgart 1980.

Parrinder, Edward Geoffrey: *Jesus in the Quran.* Oxford University Press, New York 1977.

Pfister, Rudolf: «Reformation, Türken und Islam». Aus: *Zwingliana* 2/1956 (Band X/Heft 6), Seite 345–375.

Raeder, Siegfried: *Der Islam und das Christentum. Eine historische und theologische Einführung.* Neukirchener Verlag, Neukirchen-Vluyn 2001.

Riesner, Rainer: «Israel und die Christenheit zwischen Licht und Finsternis». Vortragskassette vom 3. Referat der

Jahreskonferenz St. Chrischona (24.06.) 1998, (im Besitz des Autors).

Rudolph, Wilhelm: *Die Abhängigkeit des Qurans von Judentum und Christentum.* Kohlhammer, Stuttgart 1922.

Schirrmacher, Christine & Schirrmacher, Thomas: *Mohammed – «Prophet» aus der Wüste.* Schwengeler, Berneck 1990[3].

Schirrmacher, Christine: *Der Islam. Geschichte, Lehre, Unterschiede zum Christentum. Band 1+2.* Hänssler Verlag, Neuhausen/Stuttgart 1994.

Schirrmacher, Christine: «Wie Muslime Christen sehen – Teil 2». Aus: *Zeitschrift des Instituts für Islamfragen (IFI)* 1/1/2001, Seite 5–11.

Schirrmacher, Christine: *Herausforderung Islam. Der Islam zwischen Krieg und Frieden.* Hänssler Verlag, Holzgerlingen 2002.

Schlatter, Adolf: «Die Entwicklung des jüdischen Christentums zum Islam». In: *Gesunde Lehre: Reden und Aufsätze.* Freizeiten-Verlag: Velbert 1929, Seite 225–243.

Schmid, H.: «Gericht». In: *Das Große Bibellexikon 1.* (Hrsg: Helmut Burkhardt u. a.) R. Brockhaus Verlag, Wuppertal 1987, Seite 445–446.

Schrupp, Ernst (Hg.): *Mit Muslimen im Gespräch.* R. Brockhaus Verlag, Wuppertal 2002.

Schultz, Tobias: *Faszination, Enttäuschung, Wut. Wie Araber den Westen sehen – Persönliche Begegnungen und Medienberichte.* «Orient et Occident». Band 3. Verlag für Kultur und Wissenschaft, Bonn 2002.

Schütz, Paul: *Zwischen Nil und Kaukasus.* Brendow, Moers 1991[4].

Sheikh, Bilquis: *Allah – mein Vater?* Christl. Verlagshaus JMEM, Konstanz 1982.

Simon, Gottfried: «Luthers Gedanken über die moslemische Welt». Aus: *Kirchliche Rundschau für die evange-*

lischen Gemeinden Rheinlands 33/1918, Seite 51–61 und 74–78.

Simon, Gottfried: *Die Welt des Islam und ihre Berührungen mit der Christenheit.* C. Bertelsmann, Gütersloh 1948.

Sookhdeo, Patrick u. a.: *Mit Muslimen leben und über Jesus reden.* R. Brockhaus Verlag, Wuppertal 1987².

Sookhdeo, Patrick: *Der Islam aus christlicher Sicht. Ein kleiner Wegweiser durch die Welt der Muslime.* Brunnen Verlag, Basel 2001.

Southern, Richard: *Das Islambild des Mittelalters.* Kohlhammer, Stuttgart 1981.

Thiede, Carsten Peter & Stingelin, Urs: *Die Wurzeln des Antisemitismus. Judenfeindschaft in der Antike, im frühen Christentum und im Koran.* Brunnen Verlag, Basel 2002.

Tisdall, W. St. Clair: *The Sources of Islam. A Persian Treatise.* FFM, Toronto ohne Jahresangabe.

Troeger, Eberhard: *Kreuz und Halbmond. Was Christen vom Islam wissen sollten.* R. Brockhaus Verlag, Wuppertal 1996.

Troeger, Eberhard: «Der Islam – eine endzeitlich-verführerische Religion». In: *Kein anderer Name. Die Einzigartigkeit Jesu Christi und das Gespräch mit nichtchristlichen Religionen. Festschrift zum 70. Geburtstag von Peter Beyerhaus.* (Hrsg: Thomas Schirrmacher.) Verlag für Theologie und Religionswissenschaft, Nürnberg 1999, Seite 398–405.

Troeger, Eberhard: «Gründe für den Niedergang der östlichen Christenheit unter dem Islam». Aus: *Evangelikale Missiologie*, 16/2/2000, Seite 67–71.

Troeger, Eberhard: «Alte Kirchen – neues Leben». Aus: *EMO-Aktuell* 2/2001, Seite 3–6.

Troeger, Eberhard: *Der Islam. Was Christen wissen sollten.* R. Brockhaus Verlag, Wuppertal 2002.

Wetter, Paul: *Der Missionsgedanke bei Martin Luther.* Verlag für Kultur und Wissenschaft, Bonn 1999.

Wilde, M.: «Reformation und Islam». Aus: *Der Christliche Orient*, 7,11/1906, Seite 161–162.

Wright, Fred: *Das Kreuz als Schwert. Vom Missbrauch des Christentums.* One Way, Wuppertal 1996.

Ye'or, Bat: *The Decline of Eastern Christianity under Islam. From Jihad to Dhimmitude.* Associated University Presses, Cranbury/London 1996.

Zeidan, David: *Die fünfte Säule*. Hänssler Verlag, Neuhausen/Stuttgart 1995.

Zimmermann, J.: *Kirchengeschichte Bd. I: Kirchengeschichte der Alten Kirche und des Mittelalters, Arbeitsmanuskript für den Unterricht auf St. Chrischona*, überarbeitet von Martin Liedholz, St. Chrischona, Bettingen 1985.

Zschaler, Wolfgang & Ali, Othman (Hrsg.): *Gesprengte Brücken*. Ortrud Karoui-Verlag, Frankfurt 1992.

Zwemer, Samuel M.: «Die muhammedanische Welt des heutigen Tages». In: *Ex Oriente Lux. Jahrbuch der Deutschen Orient-Mission*. Deutsche Orient Mission, Berlin 1903, Seite 76–81.

Zwemer, Samuel M.: «The Dying Forces of Islam». Aus: *The Moslem World* IV/1914, Seite 64–68.

E Anmerkungen

Kapitel 1:

[1] Vergleiche Anhang A

[2] Hauptsächlich aufgrund des Bevölkerungswachstums. Siehe al-Masih, Abd: *Die islamische Lawine*, Seite 27ff. Man vergleiche dazu auch http://www.religioustolerance.org/worldrel.htm (Stand 06.02.2003).

Kapitel 2:

[3] Schirrmacher: *Der Islam. Band 1*, Seite 93. Man beachte in diesem Zusammenhang das Vorbild Mohammeds, der im Jahre 628 einen zehnjährigen Waffenstillstand mit den Einwohnern Mekkas vereinbarte, ihn allerdings schon im Jahr darauf brach. (Schirrmacher: *Der Islam. Band 1*, Seite 85f.)

[4] Troeger: *Kreuz und Halbmond*, Seite 143.

[5] Vergleiche dazu auch die Zeugnisse ehemaliger Muslime in Ben Iman: *Der wahre Feind*; Al-Sain: *Ich kämpfte für Allah*; Zeidan: *Die fünfte Säule*; Zschaler & Ali: *Gesprengte Brücken*; Masood: *Into the Light*; Sheikh: *Allah – mein Vater?*; Ostermann: *Er zerbricht die Mauer*; Awetaranian: *Geschichte eines Mohammedaners*.

[6] Vergleiche die Ausführungen Eberhard Troegers in *Kreuz und Halbmond*, Seite 154ff, in denen er den Bereich der Diakonie unter der Überschrift «Begegnung in tätiger Liebe» als eigenen Abschnitt behandelt.

[7] So zum Beispiel bei der ökumenischen Konsultation von Ajaltoun im Jahr 1970 oder bei dem gemeinsamen Friedensgebet, zu dem Papst Johannes-Paul II. im Jahr 1986 verschiedene Vertreter der Weltreligionen nach

Assisi eingeladen hatte. Siehe Margull: «Der Dialog von Ajaltoun/Beirut», Seite 80ff.

8 Beyerhaus: «Der Anstoß von Assisi». Seite 92ff.

9 Zu den Grenzen und Problemen des interreligiösen Dialogs zwischen Christen und Muslimen vergleiche Troeger: *Kreuz und Halbmond*, Seite 149ff.

10 Die hier verwendete Einteilung lehnt sich an die Einteilung von Andreas Maurer an (*Basiswissen Islam*, Seite 101f).

11 Schütz: *Zwischen Nil und Kaukasus*, Seite 24.

12 Schütz: ebd. Seite 201.

13 Schütz: ebd. Seite 207.

14 Schütz: ebd. Seite 220f.

15 Man vergleiche Gensichen: «Zur Orient- und Missionserfahrung von Paul Schütz». Fraglich sind sicher auch die praktischen Schlüsse, die Paul Schütz aus seinen Eindrücken gezogen hat, wie beispielsweise die eigentliche Missionsarbeit zunächst einmal ganz zurückzustellen und sich stattdessen der Erneuerung der Kirche zuzuwenden.

Kapitel 3:

16 Siehe dazu Schmid: «Gericht». In: *Das Große Bibellexikon 1*, Seite 445.

17 Von diesem allgemeinen Handeln Gottes in der Geschichte, das uns manchmal rätselhaft bleibt, ist das Heilshandeln Gottes durch Jesus Christus zu unterscheiden. Denn im Evangelium von Jesus Christus hat sich Gott klar und deutlich erkennbar offenbart, so dass der Mensch nicht im Zweifel bleiben muss über Fragen, die sein Heil betreffen.

18 Zu den im Folgenden genannten orientalischen Kirchen vergleiche Anhang B.

19 Man vergleiche dazu Hage: «Die kirchliche Situation in der frühislamischen Zeit», Seite 20.

[20] Ye'or: *The Decline of Eastern Christianity under Islam*, Seite 57.
[21] Ye'or: ebd. Seite 343.
[22] Vergleiche Ye'or: ebd. Seite 289.
[23] Ye'or: ebd. Seite 365.
[24] Ye'or: ebd. Seite 306.
[25] Southern: *Das Islambild des Mittelalters*, Seite 11. Richard Southern weist darauf hin, «daß die islamischen Länder im neunten, zehnten und elften Jahrhundert eine größere Anzahl und Vielfalt an gelehrten und wissenschaftlichen Werken hervorbrachten als die Christenheit des Mittelalters vor dem vierzehnten Jahrhundert insgesamt» (Southern: ebd. Seite 13).
[26] Southern: ebd. Seite 55.
[27] Southern: ebd. Seite 55f.
[28] Es handelte sich dabei um eine Übersetzung einer antiislamischen Schrift des Dominikaners Ricoldo da Monte Crucis (*Confutatio Alcorani*). Dieser fügte Luther eine Vorrede und einen Anhang bei und gab sie Ende April 1542 unter dem Titel *Verlegung des Alcoran Bruder Ricardi* heraus. Siehe Southern: *Das Islambild des Mittelalters,* Seite 70. Siehe dazu auch Wetter: *Der Missionsgedanke bei Martin Luther*, Seite 254.
[29] Wetter: ebd. Seite 250. Vergleiche Kellerhals: *Der Islam. Seine Geschichte*, Seite 319.
[30] «... sintemal der Türcke ist unsers herr Gottes zornige rute und des wütenden Teuffels knecht, mus man zuvor fur allen dingen den Teuffel selbs schlahen, seinen herrn, und Gotte die rute aus der hand nemen ... Das selbige sol nu thun Herr Christianus, das ist der frumen heiligen lieben Christen hauffe» (Pfister: «Reformation, Türken und Islam», Seite 349).
[31] Kellerhals: *Der Islam. Seine Geschichte*, Seite 321.
[32] Pfister: «Reformation, Türken und Islam», Seite 347.
[33] Kellerhals: *Der Islam. Seine Geschichte*, Seite 321.

[34] Wetter: *Der Missionsgedanke bei Martin Luther*, Seite 262. Vergleiche Kellerhals: *Der Islam. Seine Geschichte*, Seite 320.

[35] Kellerhals: ebd. Seite 320.

[36] Wetter: *Der Missionsgedanke bei Martin Luther*, Seite 262.

[37] Wetter: ebd. Seite 250. Vergleiche dazu Kellerhals: *Der Islam. Seine Geschichte*, Seite 319.

[38] Luther nannte den Islam dabei oft in einem Atemzug mit dem Papsttum. Siehe dazu Wetter: *Der Missionsgedanke bei Martin Luther*, Seite 260f.

[39] Simon: «Luthers Gedanken über die moslemische Welt», Seite 55.

[40] Wetter: *Der Missionsgedanke bei Martin Luther*, Seite 256. Wobei Luther in Bezug auf die moslemische Religiosität ebenso urteilte: «... das ist alles eitel Schein und nützt nichts.» Vergleiche dazu Simon: «Luthers Gedanken über die moslemische Welt», Seite 55.

[41] Pfister: «Reformation, Türken und Islam», Seite 352.

[42] Köhler: *Melanchthon und der Islam*, Seite 79–81.

[43] Tatsächlich hat die Bedrohung durch die türkischen Heere dazu beigetragen, die Reformation zu stärken: «... unter Gottes Handleitung hat der Sturm des Islam gegen das christliche Deutschland dazu dienen müssen, das Recht der deutschen Reformationskirche zu begründen und sicherzustellen. Die Angriffe der Türken zwangen den römisch gesinnten Kaiser, auf dem ersten Reichstag zu Speyer der Reformation eine gesetzliche Grundlage ihres Bestandes zuzugestehen, und die Angriffe der Türken zwangen ihn abermals, im Nürnberger Religionsfrieden dies Recht zu bestätigen. Der Islam hat die evangelische Kirche Deutschlands davor behüten müssen, daß sie nicht schon im zartesten Kindesalter erdrosselt wurde.» Wilde: «Reformation und Islam», Seite 162.

[44] Berger: *Calvins Geschichtsauffassung*, Seite 180.

45 Man vergleiche beispielsweise die Äußerungen von Erasmus von Rotterdam, Theodor Bibliander und Heinrich Bullinger zum Thema «Islam» (Pfister: «Reformation, Türken und Islam», Seite 350ff).

46 Die Reformatoren verfielen – obwohl sie die Wiederkunft Christi als nahe bevorstehend ansahen – nicht in Weltuntergangsstimmung. Es gab durchaus die Hoffnung, «daß Gott dem Türken Halt gebiete, wenn die Christen umkehrten und Buße täten» (Pfister: ebd. Seite 353).

47 «Mögen der Sultan ... und die 300 Millionen Mohammedaner, die, über die Erde zerstreut lebend, in ihm den Khalifen verehren, versichert sein, dass zu allen Zeiten der deutsche Kaiser ihr Freund ist.» (Zitiert nach Lepsius: «Der Orient und die Aufgabe der deutschen Christenheit», Seite 3.)

48 Zwemer: «Die muhammedanische Welt des heutigen Tages», Seite 76f.

49 Lepsius: «Der Orient und die Aufgabe der deutschen Christenheit», Seite 2.

50 Meinhof: «Die Bedeutung der Muhammedanermission für die Heidenmission», Seite 194.

51 Simon: «Luthers Gedanken über die moslemische Welt», Seite 152.

52 Troeger: *Kreuz und Halbmond*, Seite 140f. Vergleiche auch Troeger: «Der Islam – eine endzeitlich-verführerische Religion», Seite 404.

53 Konferenz Bekennender Gemeinschaften und AEM: «Christliches Bekenntnis und biblischer Auftrag angesichts des Islam», Seite 296.

54 Eine Ausnahme bilden die Ausführungen Eberhard Troegers über den Islam als «Herausforderung zu Umkehr und Glaube». Troeger: *Kreuz und Halbmond*, Seite 145–148.

55 Troeger: «Der Islam – eine endzeitlich-verführerische Religion», Seite 404.

Kapitel 4:

56 Es sei an dieser Stelle ausdrücklich betont, dass die Fragestellung nach dem «Versagen» der Christenheit in diesem Buch natürlich die positiven Aspekte außer Acht lässt, die es in der Geschichte des Christentums zweifelsohne gegeben hat. Auch Gottfried Simon vertritt die Ansicht: «Die Christenheit jener Tage heftig zu schelten, ist von jeher Mode gewesen ... Aber wir dürfen jene Christen vergangener Tage nicht zu hart verurteilen.» Simon: *Die Welt des Islam und ihre Berührungen mit der Christenheit*, Seite 21.

57 Vergleiche Anhang B.

58 Für die Stadt Najrân ist es zum Beispiel nachgewiesen, dass die Christenheit dort aus «mehreren Nationalitäten und Denominationen – aus Griechen, Syrern, Äthiopiern (Monophysiten) und Nestorianern» – bestand. Siehe Busse: *Die theologischen Beziehungen des Islam zu Christentum und Judentum*, Seite 10.

59 Vergleiche Sure 6,159; 19,37; 23,53 (nach Henning: *Der Koran*).

60 Troeger: «Gründe für den Niedergang der östlichen Christenheit unter dem Islam», Seite 70. Vergleiche Kuberski: *Mohammed und das Christentum*, Seite 31. Siehe auch Schirrmacher: *Der Islam. Band 1*, Seite 12.

61 Zunächst wurde das Christentum im Westen offiziell anerkannt und nach Konstantins Sieg über Licinius schließlich ab dem Jahr 324 auch im östlichen Teil des Römischen Reiches. Zimmermann: «Kirchengeschichte Bd. I», Seite 50.

62 Kellerhals: *Der Islam. Seine Geschichte*, Seite 28.

63 Troeger: «Gründe für den Niedergang der östlichen Christenheit unter dem Islam», Seite 69.

64 Bis ins Mittelalter hinein wurde der Islam auch als christlich-nestorianische Sekte verstanden. Siehe dazu Kuberski: *Mohammed und das Christentum*, Seite 45.

65 Kuberski: ebd. Seite 42f.

66 Wie im Koran deutlich wird (Sure 5,82; 9,31.34), kannte auch Mohammed dieses christliche Mönchtum.

67 Am ehesten noch verfolgten die Nestorianer in ihrer Missionsarbeit eine durchdachte Strategie und auch bestimmte Lehrziele. Deshalb kam es in den von ihnen erreichten Stämmen auch am ehesten zum Widerstand gegen das Aufkommen des Islam. Vergleiche Müller: «Kirche und Mission unter den Arabern in vorislamischer Zeit», Seite 19ff.

68 Weithin war nicht Arabisch die Kirchensprache, sondern Syrisch. Siehe dazu Schirrmacher: *Der Islam. Band 1*, Seite 12.

69 N.N.: «Die Bibel in den Ländern des Islam», Seite 51. Nach heutigem Forschungsstand muss man davon ausgehen, dass den Christen damals keine vollständige arabische Bibelübersetzung zugänglich war, auch wenn spätestens seit dem 8. Jahrhundert einige arabische Bibelteile, aber auch apokryphe Schriften belegt sind. Siehe dazu Schirrmacher: *Der Islam. Band 1*, Seite 14. Vergleiche auch Müller: «Kirche und Mission unter den Arabern in vorislamischer Zeit», Seite 18. Siehe Kuberski: *Mohammed und das Christentum*, Seite 59ff.

70 Vergleiche dazu Kuberski: *Mohammed und das Christentum*, Seite 25.

71 Schirrmacher: *Der Islam. Band 1*, Seite 13. W. St. Clair Tisdall untersucht die häretisch-christlichen Einflüsse auf den Islam unter dem Titel «Tales derived from Heretical Christian Sects». Tisdall: *The Sources of Islam*, Seite 47–75.

72 «Und wenn Allah sprechen wird: ‹O Jesus, Sohn der Maria, hast du zu den Menschen gesprochen: ‹Nehmet

mich und meine Mutter als zwei Götter neben Allah an›?› Dann wird er sprechen: ‹Preis sei Dir! Es steht mir nicht zu, etwas zu sprechen, was nicht wahr ist ...›» Sure 5,116 (Henning: *Der Koran*).

73 Parrinder: *Jesus in the Quran*, Seite 135. Kuberski weist in diesem Zusammenhang auf die Tatsache hin, dass einige Anhänger Mohammeds zeitweise in Äthiopien lebten. Dort habe Maria «als Erbin der Isis eine Verehrung genossen, wie sie in der ganzen Christenheit sonst nirgends anzutreffen war». Kuberski: *Mohammed und das Christentum*, Seite 34. Vielleicht handelt es sich aber auch um einen Einfluss, der auf die Sekte der «Mariamiten» zurückgeht, die eine Dreieinigkeit von Gott, Christus und Maria verehrten. Siehe dazu: Schirrmacher: *Der Islam. Band 2*, Seite 255.

74 «Es ist interessant, daß der Koran nichts von der Bergpredigt und den Lehren Jesu wiedergibt, wichtige Personen wie die Apostel Paulus oder Petrus nicht erwähnt und weder die neutestamentlichen Briefe noch die Offenbarung des Johannes kennt» (Schirrmacher: ebd. Seite 142).

75 Siehe Schirrmacher: *Der Islam. Band 1*, Seite 13. (In der hier zitierten Stelle fehlt im Original das Wort «nicht», was dem ganzen Satz jedoch seinen Sinn rauben würde. Auf persönliche Nachfrage hin versicherte mir die Autorin, Frau Dr. Christine Schirrmacher, dass es sich dabei um ein Versehen handele und deshalb das Wort «nicht» zu ergänzen sei. Ich zitiere demnach den Satz hier so, wie er von der Autorin ursprünglich gemeint und beabsichtigt war. Anmerkung des Autors.)

76 Schirrmacher: ebd. Seite 13.

77 Thiede & Stingelin: *Die Wurzeln des Antisemitismus*, Seite 127.

78 Rainer Riesner fragt sich in diesem Zusammenhang, ob ein Überleben einer eigenständigen rechtgläubigen ju-

denchristlichen Kirche neben der heidenchristlichen Kirche nicht die Evangelisation unter den großen arabischen Völkern eher erleichtert hätte. «Denn bei allen Verschiedenheiten sind diese Völker sich doch in vielem näher als in manchem mit Griechen oder gar Germanen.» Riesner: «Israel und die Christenheit zwischen Licht und Finsternis».

79 «Ebioniten» ist ein Sammelbegriff für die judenchristlichen Gruppen, die häretisch waren [von der offiziellen Kirchenlehre abweichend]. So sahen sie beispielsweise in Paulus einen Gesetzesabtrünnigen und lehnten ihn ab. Bienert: «Ebioniten», Seite 468.

80 Müller: «Kirche und Mission unter den Arabern in vorislamischer Zeit», Seite 4.

81 Riesner: «Israel und die Christenheit zwischen Licht und Finsternis».

82 Schlatter: «Die Entwicklung des jüdischen Christentums zum Islam». Siehe auch Simon: «Luthers Gedanken über die moslemische Welt», Seite 58. Die Islamwissenschaftlerin Christine Schirrmacher weist zudem darauf hin, dass man in Mohammeds Bezeichnung der Christen als «Nasaräer» eine Anspielung auf eine judenchristliche Sekte sehen kann. Schirrmacher: *Der Islam. Band 1*, Seite 41.

83 Zu Günter Lüling vergleiche man: http://www.thecosmiccontext.de/islam.html (Stand: 07.11.2002).

84 Vergleiche Anhang C

85 Kuberski: *Mohammed und das Christentum*, Seite 66f.

86 Gottfried Simon warnt davor, leichtfertig einen kausalen Zusammenhang zwischen dem Zustand der damaligen Christenheit und der Ablehnung Mohammeds zu ziehen: «Daß Mohammed nicht Christ geworden ist, hat ganz andere Gründe ... jedenfalls solche, die der Christenheit jener Tage keine Schande machen.» Simon: *Die Welt des Islam und ihre Berührungen mit der Christenheit*,

Seite 21f. Dennoch gesteht auch er eine Mitschuld der Kirche ein: «Darf man den damaligen Zustand der Christenheit dafür verantwortlich machen? Gewiß ist sie hier mitschuldig.» Simon: ebd. Seite 54.

87 Kuberski: *Mohammed und das Christentum*, Seite 76.

88 Simon: *Die Welt des Islam und ihre Berührungen mit der Christenheit*, Seite 62f.

89 Wright: *Das Kreuz als Schwert*, Seite 13. Vergleiche auch Zimmermann: «Kirchengeschichte», Seite 119f.

90 Vergleiche Feldtkeller: «Die Zeit zur Mohammedanermission im Orient ist noch nicht gekommen. Motive eines Zögerns in der Mission unter Muslimen, 1895–1914». Man beachte in diesem Zusammenhang, dass man auch heute nicht voraussetzen kann, dass die Notwendigkeit der Mission unter Muslimen unter christlichen Theologen allgemein anerkannt wäre. So laufen die Forderungen von Vertretern einer pluralistischen Religionstheologie (wie beispielsweise Paul Knitter) in der Praxis letztlich oft darauf hinaus, die eigentliche Mission durch den interreligiösen Dialog zu ersetzen (vergleiche dazu Bosch: *Transforming Mission*, Seite 482ff).

91 Troeger: *Kreuz und Halbmond*, Seite 157.

92 Schirrmacher: *Der Islam. Band 2*, Seite 290. Vergleiche auch Schirrmacher: «Wie Muslime Christen sehen», Seite 6ff.

93 Auch heute noch nehmen muslimische Gelehrte Entwicklungen innerhalb der christlichen Theologie durchaus zur Kenntnis und greifen sie für ihre eigenen Zwecke auf. Dies zeigt sich zum Beispiel bei Abd al-Wahāb, der auf dem Weg zu einer christlich-muslimischen Verständigung an das Buch des englischen Theologen John Hick, *The Myth of God Incarnate,* anknüpft und dazu auffordert, die Gottheit Christi aufzugeben. Siehe auch

Khoury & Hagemann: *Christentum und Christen im Denken zeitgenössischer Muslime*, Seite 187.

94 Inquisition: Untersuchungen durch Institutionen der katholischen Kirche und daraufhin durchgeführte staatliche Verfolgung der (angeblichen) Irrlehrer zur Reinerhaltung des Glaubens. Siehe Simon: «Luthers Gedanken über die moslemische Welt», Seite 54. Vergleiche auch Heymann: *Tod oder Taufe*.

95 Kellerhals: *Der Islam. Seine Geschichte*, Seite 344f.

96 Die Gründe dafür macht die Aussage eines ägyptischen Christen deutlich: «Bei euch in Europa ist ... die Zeit der Kreuzzüge eine traurige Phase eurer eigenen Vergangenheit, die aber so weit zurückliegt, dass sie in den Gedanken der Menschen heute keine ernsthafte Rolle mehr spielt. Bei uns ist das anders: Die Zeit der Kreuzzüge ist allgegenwärtig – und zwar nicht, weil wir nicht vergeben können, sondern weil die täglichen und fortgesetzten Einmischungen und Provokationen des Westens im Mittleren Osten uns immer wieder am Vergessen hindern.» Schultz: *Faszination, Enttäuschung, Wut*, Seite 56.

97 Khoury & Hagemann: *Christentum und Christen im Denken zeitgenössischer Muslime*, Seite 152ff. Hier wird deutlich, warum es von besonderer Wichtigkeit ist, dass die Missionare, die unter Muslimen arbeiten, heute zunehmend nicht mehr nur aus westlichen Ländern kommen, sondern beispielsweise auch aus asiatischen Ländern. Die Arbeit asiatischer Missionare ist durch die fehlende Frontstellung «christliches Abendland» versus «islamischer Orient» oft weniger vorbelastet.

98 Vergleiche Schultz: *Faszination, Enttäuschung, Wut*, Seite 15ff. «Ihr habt mehr Wohlstand als wir – wir dagegen haben Religion. Ihr seid uns technologisch und militärisch überlegen – aber wir sind euch sittlich und charaktermäßig überlegen. Ihr habt viele Kenntnisse auf

dem Gebiet der Wissenschaft – wir dagegen kennen Gott.» Schultz: ebd. Seite 45.

99 Ben Iman: *Der wahre Feind*, Seite 48.

100 Schultz: *Faszination, Enttäuschung, Wut,* Seite 32. Vergleiche auch Khoury: *Der Islam und die westliche Welt*, Seite 137f.

101 Muslime betrachten die westliche Gesellschaft insgesamt als eine so genannte «Zina-Gesellschaft». «Zina» ist das arabische Wort für «Unzucht» und gehört nach koranischem Verständnis zu den schlimmsten Sünden überhaupt. Siehe Schirrmacher: «Wie Muslime Christen sehen», Seite 9f. Aus Sicht der Muslime beweist «die gegenwärtige westliche Welt ... durch ihre negativen gesellschaftlichen Erscheinungen (Alkoholismus, Prostitution, Homosexualität, Altenheime, Drogen), dass sie sich in einer Krise befindet und dass der Islam die bessere Alternative ist.» Siehe Schirrmacher: ebd. Seite 5–11.

102 Khoury & Hagemann: *Christentum und Christen im Denken zeitgenössischer Muslime*, Seite 171f.

103 Khoury & Hagemann: ebd. Seite 172. Zu Sayyid Qutb vergleiche auch: http://icna.org/tm/greatmuslim3.htm (Stand: 20.05.2003).

104 Khoury & Hagemann: *Christentum und Christen im Denken zeitgenössischer Muslime*, Seite 171.

105 Kellerhals fragt dabei allerdings nicht, in welchen Punkten die Defizite der Christenheit den Islam geformt haben. Er setzt vielmehr den Islam in seinem Wesen als gegeben voraus und hinterfragt dann, wo die Kirche in Gefahr ist, sich ihm anzugleichen. Letztlich ist für seine Untersuchung die Frage, was zuerst da war – das Wesen des Islam oder die christlichen Fehler – nicht entscheidend. Er sieht in beidem das Versagen, den Versuchungen des natürlichen Menschen nachzugeben.

Kellerhals: *Der Islam, die Versuchung der Kirche*, Seite 23f.

106 Kellerhals: ebd. Seite 4.

107 Kellerhals weist jedoch auf einen bedeutenden Unterschied hin: «Das Erschütternde am Islam ist nicht, daß er sich hier und dort hinreißen ließ, mit äußeren Machtmitteln der Herrschaft Gottes zum Sieg zu verhelfen. Das kam ja auch in der christlichen Welt vor. Das tief Erschreckende liegt vielmehr darin, daß nirgends in der weiten Welt des Islam eine warnende Stimme, ein wachgewordenes Gewissen gegen diesen Grundsatz aufstand. Im Islam gab es keinen Franz von Assisi, der einem Papst Innozenz III. entgegengetreten wäre, keine Waldenser- und Hugenottengemeinde, die der ‹triumphierenden› Kirche gezeigt hätte, daß wahre Kirche auch kämpfende und leidende, ja die Kirche unter dem Kreuz sein kann. Es hat seine tiefe Bedeutung, daß Mohammed sich eine Kirche unter dem Kreuz nicht denken konnte, weil für ihn ja auch ein am Kreuz sterbender Erlöser ein unvollziehbarer Gedanke war.» Kellerhals: *Der Islam, die Versuchung der Kirche*, Seite 6f.

108 Kellerhals: ebd. Seite 11.

109 Kellerhals: ebd. Seite 19.

110 Vergleiche Simon: «Luthers Gedanken über die moslemische Welt», Seite 54.

111 Vergleiche dazu die Ausführungen Gerhard Bergmanns: «Die fünf Pfeiler machen deutlich, daß es sich beim Islam wesentlich um eine Gesetzesreligion handelt. Das Charakteristische der moslemischen Frömmigkeit ist der Gehorsam. Wir wären schlecht beraten, wenn wir die Gehorsamshaltung gering veranschlagen würden. Im Gegenteil: Bei den Christen ist das Bewusstsein meist stark unterentwickelt, daß zum Glauben auch der Gehorsam gehört, ja, daß es keinen echten Glauben ohne Gehorsam gibt. Diesbezüglich können wir von

den Moslems viel lernen.» Bergmann: *Die Herausforderung des Islam*, Seite 29f.

[112] Troeger: *Kreuz und Halbmond*, Seite 147.

[113] Kellerhals: *Der Islam, die Versuchung der Kirche*, Seite 24.

[114] Bei meiner Einteilung handelt es sich um eine subjektive Einteilung, die keinerlei Anspruch auf Allgemeingültigkeit erhebt.

Kapitel 5:

[115] Burkhardt: *Die biblische Lehre von der Bekehrung*, Seite 22.

[116] Burkhardt: ebd. Seite 77f.

[117] Schlatter: «Die Entwicklung des jüdischen Christentums zum Islam», Seite 230.

[118] Vergleiche Frische: *Theologie unter der Herrschaft Gottes*.

[119] Apostelgeschichte 10. Vergleiche Chapman: *Cross and Crescent*, Seite 40ff.

[120] Sookhdeo u. a.: *Mit Muslimen leben und über Jesus reden*, Seite 44f.

[121] Griesinger: «Die Begegnung des Franz von Assisi mit der Welt des Islams», Seite 49.

[122] Griesinger: ebd. Seite 49f.

[123] Vergleiche auch die Thesen von Eberhard Troeger in Abschnitt 3.5.

[124] Wetter: *Der Missionsgedanke bei Martin Luther*, Seite 262.

[125] Simon: *Die Welt des Islam und ihre Berührungen mit der Christenheit*, Seite 343.

[126] al-Masih: *Warum ist es für einen Moslem schwierig, Christ zu werden?*, Seite 42f.

[127] Kellerhals: *Der Islam. Seine Geschichte*, Seite 312.

[128] Von katholischer Seite meinte man hingegen, eine Parallele zwischen den beiden «Ketzern» Mohammed und Calvin erkennen zu können. Simon: *Die Welt des Islam und ihre Berührungen mit der Christenheit*, Seite 477.

[129] Gemeinschaftsliederbuch, Seite 92f.

Anhang:

[130] Kuberski: *Mohammed und das Christentum*, Seite 75. (Die Aufzählung wurde wegen einiger kleinerer Rechtschreibfehler korrigiert. Anmerkung des Verlags.)

[131] Kuberski: ebd. Seite 70.